브랜드노믹스®

제호디자인: 한그리아㈜

브랜드노믹스®
Brandnomics®

1판 1쇄 인쇄 2017년 4월 6일
1판 1쇄 발행 2017년 4월 13일

기   획 • 브랜딩그룹
지은이 • 신동호, 김태진
펴낸이 • 정영석
펴낸곳 • **마인드북스**
주 소 • 서울시 동작구 양녕로25길 27, 403호
전 화 • 02-6414-5995 | 팩 스 • 02-6280-9390
출판등록 • 2009년 3월 5일 제25100-2016-000064호
이메일 • mindbooks@nate.com
홈페이지 • http://www.mindbooks.co.kr

ISBN 978-89-97508-41-9 03320

이 도서의 국립중앙도서관 출판예정도서목록(CIP)은 서지정보유통지원시스템 홈페이지
(http://seoji.nl.go.kr)와 국가자료공동목록시스템(http://www.nl.go.kr/kolisnet)에서 이
용하실 수 있습니다. (CIP제어번호 : CIP 2017008467)

BRANDNOMICS®

브랜딩그룹 기획 | 신동호 · 김태진 지음

마인드북스

대한민국 국민께 바칩니다.

여러분은 생활과 밀접한 관계를 맺고 있는 경제에 관해서 생각할 때 어떤 구성 요소로 이루어졌는지에 대하여 생각해 본 적이 있는가?

일반적으로 우리가 생각할 때 경제는 GNP, GDP, 통화량, 환율, 주가, 수입, 수출 등 이러한 경제용어나 경제활동들로 이루어진다고 생각한다. 하지만 눈을 조금 돌려 다른 시각, 특히 마케팅 측면에서 바라본다면 이러한 경제활동의 중심이자 기본은 바로 '브랜드'라는 것을 알 수 있다.

삼성, 애플, 구글, 마이크로소프트와 같은 IT 브랜드, 맥도날드와 같은 서비스 브랜드, 코카콜라, 토요타와 같은 제조 브랜드 등 높은 브랜드 가치를 지닌 브랜드들이 우리의 생활과 경제에 영향을 미치면서 세계경제를 좌지우지하고 있다.

브랜드=경제라는 새로운 생각을 통해서 소비자가 무형이고 추상적이라 어렵게 느꼈던 브랜드에 대해 좀 더 쉽게 이해하고 쉽게 접근할 수 있도록 하였다. 이를 통해 브랜드를 경제의 한 요소로 바라보는 계기가 될 수 있는 인식의 전환을 갖도록 하는 것이 이 글을 쓴 목적이기도 하다.

브랜드노믹스는 브랜드가 경제에 어떠한 영향을 미치며, 얼마나 중요한 요소인지에 관한 내용이다. 결론적으로 브랜드는 세계경제, 국가경제, 지역경제, 개인경제에 영향을 미치고 있다.

세계적인 브랜드, 앞서 이야기한 애플, 구글, 코카콜라, 삼성, 맥도날드 등이 세계경제와 국가경제에 영향을 미치고, 지역의 도시(아이러브뉴욕), 축제(리오카니발), 농산물 브랜드(굿뜨래), 축산물 브랜드(횡성한우) 등을 통해서 지역경제에 영향을 미치며, 마이클 조던, 타이거우즈, 김연아, 박지성, 싸이 등이 개인 브랜드로서 경제에 커다란 영향을 미친다.

브랜드가 세계, 국가, 개인, 지역 경제에 따라 미치는 영향력은 조금씩 다르지만 공통적인 부분은 브랜드를 통해 경제가 활성화된다는 것이다. 즉, 브랜드를 바탕으로 브랜딩이라는 활동을 통해 돈이라는 부가가치를 창조하는 것이다.

앞으로 우리는 이 책을 통해 네 가지로 구분한 각각의 경제에서 브랜드가 어떠한 영향을 미치는지에 대하여 좀 더 자세하게 살펴보고, 브랜드노믹스의 의미를 좀 더 쉽게 이해할 수 있도록 하고자 한다.

2017년 02월

브랜딩그룹㈜ 신동호, 김태진

제1장
<u>브랜드노믹스</u>
(Brandnomics®)

1. 브랜드 가치를 넘어 경제의 중심이 되는 브랜드 경제학

'브랜드(Brand)'를 바라보는 시각은 크게 기업의 관점과 소비자의 관점으로 나누어 볼 수 있다. 기업의 관점에서는 경쟁 브랜드와 차별화되면서 그 브랜드만이 가지고 있는 고유한 이미지로 정의할 수 있다. 소비자의 관점에서는 소비자의 인식 속에 확실하게 자리 잡고 있는 제품 또는 서비스와 관련된 브랜드의 이미지이다.

기업 관점의 브랜드에서 경쟁 브랜드와 아무리 차별화가 되더라도 소비자의 인식 속에서 차별화되지 않았다면 그 브랜드로는 기업이 경제적 이득을 얻는 데 한계가 있을 수 있다. 하지만 소비자의 인식 속에 확실하게 자리 잡고 있는 브랜드는 그렇지 못한 브랜드 대비 더 많은 경제적 이득과 부가가치를 가져다준다. 이렇게 경제적 이득을 창출하는 데 점점 더 중요해지는 것이 바로 브랜드이다. 더불어 브랜드가 창출하는 경제적 현상은 점차 부익부 빈익빈화되어 가고 있다.

즉, 소비자 인식 속에 확실하게 자리 잡고 있는 브랜드는 더욱더 많은 경제적 이득을 주지만 그렇지 못한 브랜드는 경쟁 브랜드 대비 점차 경제적 이득이 줄어들고 있다.

4차 산업혁명 시대에는 브랜드가 경제에서 차지하는 비중과 역할이 더욱더 중요해질 것이며, 브랜드가 경제의 핵심이 될 것이다.

2. 브랜드노믹스의 정의

브랜드노믹스(Brandnomics®)란 브랜드(Brand)와 경제학(Economics)을 합성한 신조어로, 말 그대로 '브랜드'와 '경제'의 상호작용을 연구하는 학문이라 할 수 있다. 전통적인 경제학(經濟學, Economics)에서는 인간의 1차적인 기본 수요(basic needs)인 의·식·주를 중심으로 하는 재화의 생산과 소비의 증가를 통한 인간의 효용 증가에 목표를 두고 있었으며, 소비와 경쟁이 국지적이었다. 그러나 인터넷 혁명과 이동 수단의 발달로 경제는 급속하게 세계화되고, 소득 수준이 향상되면서 소비자의 시장이 현재 살고 있는 지역이나 국가에 머물지 않고 전 세계로 확대되고 브랜드가 소비와 경제에 미치는 영향이 더 넓어지고 중요해지면서 탄생한 **세계 최초**의 브랜드 경제학이다.

2008년 미국 뉴욕에 본사를 두고 있던 리먼 브라더스(Lehman Brothers)의 파산은 미국 경제는 물론 전 세계 금융위기를 유발하며 세계경제를 위축시켰다.

핀란드를 대표하는 브랜드 노키아(Nokia)는 2000년대 순이익이 GDP의 4%, 수출의 20.7%를 차지하였고, 2003년 법인세 수입의 23%를 부담했을 정도로 핀란드 경제에 절대적 영향을 미치고 있었다. 하지만 노키아가 몰락하기 시작하면서 발생한 충격은 노키아를 넘어 핀란드 경제 전체에 악영향을 미쳤다.

2014년 미국 초콜릿 시장 규모는 204억 달러이다. 이 중

1위는 44.2%의 시장점유율을 차지하고 있는 브랜드 허쉬 (Hershey)다.

2002년 허쉬는 브랜드를 네슬레에 매각하려 했었다. 하지만 주민, 정치인, 노동단체는 물론 인근 지역의 주민들까지 매각을 반대해 결국은 매각이 무산되고 말았다.

주민들에게 허쉬는 단순한 초콜릿 브랜드가 아니라 지역의 상징이며 자랑이며 자존심이며 삶의 터전이었다. 허쉬는 마을의 이름이었을 뿐만 아니라 전체 주민 1만 2,000명 중 절반인 6,200명이 허쉬 직원으로 근무할 정도로 지역경제를 책임지는 브랜드였던 것이다.

이처럼 브랜드가 경제에 미치는 영향은 우리가 인식하지 못했을 뿐이지 고용과 실업, 수출과 수입, 국가나 지방자치단체 경영의 근간이 되는 세금 등과 매우 밀접한 관계가 있다. 이미 브랜드는 지역경제, 기업경제, 국가경제를 넘어 세계경제에 영향을 미치고 있다. 특히 브랜드가 글로벌 브랜드일 경우 세계에 미치는 영향력은 더 막강할 수밖에 없다.

세상에 존재하는 모든 것은 브랜드이다

한 나라를 대표하는 국가, 신혼 여행 때나 살면서 꼭 한 번은 가보고 싶은 특별한 지역, 모두가 입학하고 싶은 대학교, 누구나 입사하길 원하는 기업, 먹고 싶은 것 참아가며 돈을 모아 반드시 사는 제품, 세 시간 동안 점심식사를 하는데 22억 원을 지불해야 만날 수 있는 사람과 나라와 국민을 대표하는 대통령이나 국회의원, 지금 글을 쓰면서 사용하고 있는 노트북, 아침마다 마시는 우유 같은 식품, 목마를 때를 대비해 가방에 넣고 다니는 생수, 식사 후 간식으로 먹는 과일류의 농산물, 자동차에 들어가는 부품과 옷을 만드는 원단, 하늘을 날아다니는 비행기와 전 세계 바다를 항해하는 바다 위의 궁전 크루즈, 가장 편안하게 휴식을 취하며 잠을 자는 침대, 매일 아침 새로운 얼굴로 태어나게 해 주는 화장품, 에이즈(AIDS) 같은 질병을 예방하면서 사랑을 나누는 콘돔, 대한민국 국민을 매주 토요일 촛불을 들게 만든 방송국, 웃거나 울면서 보는 영화, 특별함을 정확하게 설명할 수는 없지만 마시는 커피, 특별한 기능도 없고 옷장에 쌓여 있지만 또 받아도 좋은 넥타이, 시간은 스마트폰으로 확인하면서도 꼭 차고 다니는 시계, 물건을 주문하면 집까지 배달해 주는 택배, 전 세계의 가장 큰 축제인 월드컵, 한시라도 손에서 떨어지면 불안해질 정도로 몸과 하나 된 스마트폰 등 브랜드가 아닌 것이 없다.

세상의 모든 브랜드는 가치로 평가받는다

기존의 경제학이 재화를 중심으로 하는 이익 창출의 개념에 초점이 맞춰져 있다면, 브랜드 경제학은 제품과 상품, 더 나아가 산업적 개념의 모든 산업을 포괄하는 경제 분야에 대한 학제적 논의를 진행하는 응용경제학(應用經濟學, Applied economics)의 분야이다. 과거에는 광고나 마케팅의 영역이라고 생각했던 브랜드가 이제 국민 개개인뿐만 아니라 국가적인 관심 영역이 되었으며, 삶의 질(quality of life)과 수준을 평가하는 한 부분이 되고 있다. 따라서 브랜드가 경제와는 큰 관련이 없던 것으로 생각되던 방향에서 경제적 부가가치(EVA: Economic Value Added) 창출의 원천으로 고려되고 있다. 코카콜라는 전체 자산 중 코카콜라라는 브랜드가 가지고 있는 무형의 자산이 50%(2016년에는 63% 차지)를 넘는다는 것에서 알 수 있듯이 브랜드는 고부가가치를 창출하는 핵심이다.

소비자는 가치를 느끼지 못하는 브랜드를 절대 구매하지 않는다(그 가치가 경제적 가치이든 상징적 가치이든). 이러한 소비자가 원하는 가치를 충족시켜 주고 부가가치를 창출하는 것이 바로 브랜드이다.

사양 브랜드와 산업은 없고 사양 제품과 기업만 있다

모든 산업은 하루가 다르게 성장과 쇠퇴를 반복하고 있다. 한때 한국 산업을 이끌어가다 사양 산업이라 여겨져 관심 밖이었던 신발 산업은 세계적으로 여전히 호황을 이루고 있으며, 그 중심에는 글로벌 브랜드가 자리하고 있을 뿐이다.

문화관광의 불모지나 다름없던 함평은 나비와 곤충이라는 나비축제로, 횡성은 횡성한우축제라는 브랜드를 통해 지역의 브랜드 가치를 높였을 뿐만 아니라 관광객 유치를 통하여 지역민들의 실질 소득이 증가하는 효과를 창출하여 지역경제 활성화를 만들어 냈다. 이처럼 차별화된 축제를 통해 자치 단체가 브랜드를 만들고 경제적 이익(economic income)을 창출해 내려는 것은 이제 흔한 일이 되었다.

이러한 브랜드에 대한 관심과 분석은 우리나라에서는 길어야 20년에서 30년 정도의 역사를 가지고 있지만, 선진국에서는 20세기 중후반(1886년 코카콜라 탄생, 1895년에 처음 광고 시작, 1915년 코카콜라 '컨투어병(Contour, '윤곽'을 뜻함)' 개발)부터 있어 왔고, 거기에 대한 체계적인 접근이 이루어져 왔다.

브랜드가 곧 경제고, 경제가 곧 브랜드이다.

브랜드 대국이 경제 대국이고, 경제 대국이 브랜드 대국이다.

브랜드 선진국이 경제 선진국이고, 경제 선진국이 브랜드 선진국이다.

브랜드노믹스는 기존의 브랜드 개념을 한 단계 더 진일보시키고 독립된 학문의 분야로 성장시킬 수 있는 새로운 응용경제학이다.

브랜드노믹스는 대한민국을 세계적인 브랜드 지식 강국으로 발돋움시키고 브랜드 중심 국가로 우뚝 설 수 있게 할 수 있는 신개념 학문이다.

브랜드노믹스는 수출경쟁력을 극대화할 수 있으며, 고용과 노동환경 개선을 통해 실업률을 개선할 뿐만 아니라 안정적인 세수 확보를 통해 복지국가의 기틀을 다질 수 있는 미래의 대한민국이다.

3. 브랜드노믹스의 개념

브랜드노믹스는 브랜드 경제와 밀접한 관계가 있는 세계 브랜드노믹스(Global Brandnomics®), 국가 브랜드노믹스(National Brandnomics®), 지역 브랜드노믹스(Regional Brandnomics®), 기업 브랜드노믹스(Company Brandnomics®), 가정 브랜드노믹스(Home Brandnomics®), 개인 브랜드노믹스(Personal Brandnomics®)의 여섯 가지로 구분할 수 있다.

이 여섯 가지 브랜드노믹스는 각각 독립적이면서도 상호간에 유기적인 관계를 맺고 있다. 이러한 상호적인 관계는 어떠한 한 가지 브랜드노믹스가 긍정적이게 되면 나머지 다섯 가지 브랜드노믹스에 상승효과가 나타나지만, 반대로 부정적일 때는 여섯 가지 브랜드노믹스 전체가 한순간에 도미노처럼 무너질 수 있으므로 어느 한 요소도 소홀히 하지 말아야 한다.

세계 브랜드노믹스(Global Brandnomics®)는 브랜드가 세계 경제에 미치는 영향이다. 글로벌 시대의 글로벌 브랜드는 세

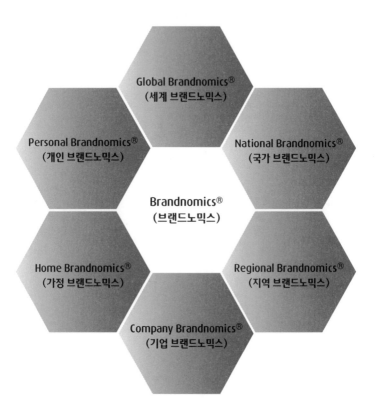

계경제와 사회문화적으로 전 세계에 영향을 미치고 있다. 운송 수단의 발달과 인터넷 혁명으로 인해 국가 간 국경은 무너졌다. 이로 인해 글로벌 브랜드가 세계경제에 미치는 영향

력은 점차 중요해지고 있다. 대표적인 예로 2008년 리먼 브라더스 파산은 기업과 국가를 넘어 전 세계경제에 엄청난 위기를 초래하였고 세계경제는 한치 앞을 볼 수 없는 암흑으로 빠져들었었다. 미국 연방정부는 2008년 금융 위기 당시 AIG 파산이 가져올 파장을 우려해 850억 달러(97조 1,125억 원)의 긴급 구제금융을 결정하기도 했다.

국가 브랜드노믹스(National Brandnomics®)는 브랜드가 국가경제에 미치는 영향이다. 한 나라의 국가 브랜드는 그 나라가 세계에 미치는 영향력을 나타낸 국가 브랜드 지수와, 한 국가 내의 모든 국민들이 생산해 내는 브랜드 가치의 총합산을 화폐가치로 나타내는 국가 브랜드 가치로 평가된다. 국가 브랜드 지수와 국가 브랜드 가치의 특징은 국가의 전문성과 관련된 연상 이미지와 브랜드 간 상호 연관성이 많다는 것이다. 같은 품질과 디자인의 제품이라도 국가 브랜드 지수와 국가 브랜드 가치가 높은 국가에서 만든 제품일수록 소비자는 고급 제품으로 인식한다. 한편 국가 브랜드 지수와 국가 브랜드 가치가 높은 국가일수록 세계적인 브랜드를 많이 보유하고 있으며, 선진국이 대부분이다.

지역 브랜드노믹스(Regional Brandnomics®)는 브랜드가 지역경제에 미치는 영향이다. 횡성, 제주, 보령처럼 지역명 자체가 브랜드화되어 경쟁력을 가지고 있거나, 횡성한우, 굿뜨래처럼 지역을 대표하는 공동 브랜드가 지역경제를 활성화시키는 데 기여한다. 또한 허쉬처럼 기업의 브랜드가 지역을 대표하는 브랜드로 성장해 지역경제에 지대한 영향을 미치고 있는 경우도 있다. 지방자치단체의 경우 재정자립도를 높이기 위해서는 세수를 늘리는 것이 중요한데 그 역할을 브랜드가 하고 있다. 오렌지의 대명사 공동 브랜드 선키스트는 제품 판매 외 브랜드 라이센싱 로열티로만 한 해에 1조 3,000억 원을 벌고 있으며, 뉴욕은 I Love New York 캠페인을 통해 한 해에만 2,800만 달러의 수익을 달성하고 있다.

기업 브랜드노믹스(Company Brandnomics®)는 브랜드가 기업경제에 미치는 영향이다. 세계는 브랜드 전쟁 중이다. 세계적인 브랜드가 많은 기업은 매출이 높고 주식가치도 높으며, 세계적인 브랜드를 많이 보유한 국가는 경제 대국이거나 선진국이다. 그렇기 때문에 경제 대국과 선진국이 되기 위해서는 세계적으로 경쟁력을 갖춘 글로벌 브랜드 육성에 많은 노력을 기울여야 한다. 또한 지나치게 포괄적인 브랜드보다는 제한적 카테고리를 대표할 수 있는 브랜드를 육성해야 하며, 세계에서 가장 브랜드 가치가 높은 단 하나의 브랜드보다는 100위 안에 드는 여러 개의 브랜드를 보유하는 것이 위험을 분산시킬 수 있다.

가정 브랜드노믹스(Home Brandnomics®)는 브랜드가 가정경제에 미치는 영향이다. 경제학은 유한한 자원의 배분에 관한 학문이다. 가정에서 가장 유한한 자원의 핵심은 돈이다. 경제활동을 하는 가족의 수입이 많으면 소비 지출도 늘어나지만, 수입이 없으면 긴축을 하기 때문에 소비가 위축되어 결국은 기업경제가 위축되고 나아가서는 국가경제 전반에 나쁜 영향을 미친다. 가정 브랜드노믹스는 브랜드노믹스의 기본이다. 가정경제의 활성화를 위해서 때로는 경주최부자처럼 가문을 브랜드화하여 관광 수입을 올릴 수도 있고, 가문에 전통적으로 내려오는 음식을 브랜드화할 수도 있다.

개인 브랜드노믹스(Personal Brandnomics®)는 개인 브랜드가 경제에 미치는 영향이다. 1인 기업의 전성시대이며 스타 1명이 중소기업 이상의 매출을 올리는 시대이기도 하다. 개인 브랜드노믹스는 운동선수, 연예인, 정치인, 기타 유명인사들이 많이 해당되지만, 기업 브랜드노믹스를 이끌어가는 기업 CEO에게 매우 중요한 요소이다. 기업의 가치는 유형자산, 무형자산, 그리고 CEO브랜드 자산으로 이루어진다. CEO로 인해 주가가 폭락하는가 하면 국민들이 불매운동을 벌이기도 하며, 소비자들이 스스로 광고를 해 주기도 한다. 때로는 어떤 CEO와 점심식사를 하는 데 22억 원을 지불해야 하기도 한다.

Brandnomics

4. 브랜드노믹스의 효과

브랜드노믹스의 효과는 크게 직접 효과(긍정, 부정)와 간접 효과(긍정, 부정)가 있다. 그리고 6가지 브랜드노믹스는 공통적인 효과와 브랜드노믹스별로 나타나는 특징적인 효과가 있다.

여섯 가지 브랜드노믹스의 공통적인 긍정 효과 중 직접 효과는 브랜드를 통한 매출 증대, 주가 상승, 고용 창출, 투자 확대, 세수 증대, 소비 촉진 등이 있으며, 간접 효과로는 브랜드 신뢰도 상승, 인지도 증가, 이미지 제고 등이 있다.

공통적으로 나타나는 부정 효과 중 직접 효과는 매출 하락, 주가 하락, 실업 증가, 세수 하락, 소비 감소 등이 있으며, 간접 효과는 브랜드 신뢰도 하락, 인지도 하락, 이미지 저하 등이 있다.

세계 브랜드노믹스의 효과는 기업 브랜드노믹스, 국가 브랜드노믹스와 연관성이 높다. 가장 큰 특징은 글로벌화된 브랜드일수록 세계 브랜드노믹스에 많은 영향을 끼친다는 것이다. 세계 글로벌 금융 기업인 리먼 브라더스의 파산은 전 세계의 금융 위기를 몰고 왔으며, 그리스의 국가 부도는 그리스 경제는 물론 EU 가입국과 세계경제에 좋지 않은 영향을 미쳤다.

국가 브랜드노믹스의 효과는 기업 브랜드노믹스, 지역 브랜드노믹스와 연관성이 높다. 국가 브랜드 가치가 높을수록 관광객이 증가하는 직접적인 효과와, 한국 수출기업 76%가 한류의 도움을 받았다는 것처럼 원산지 효과를 통하여 해당 국가의 기업들이 수출하는 데 긍정적인 영향을 미치는 간접적인 효과가 있다.

컨설팅 업체 퓨처 브랜드가 2014년 11월 11일에 발표한 '2014~2015 국가 브랜드 지수'에서 일본이 1위를 차지했는데, '메이드 인 재팬'(Made in Japan) 상품은 질이 좋고 독특한 것으로 평가됐으며, 가장 모멘텀을 가질 수 있는 분야로 '기술과 혁신' 분야가 꼽혔다.

일본이 가장 전문성을 가지는 분야에 대한 설문에서도 역시 '기술'이 가장 높게 평가됐으며 '소비재 전자제품'과 '자동차', '가정용품' 등이 뒤를 이었고, 일본 하면 떠오르는 기업 브랜드로는 닌텐도, 소니, 도요타, 도시바, 파나소닉, 혼다, 히타치 등이 선정되었다.(헤럴드경제, 2014.11.13)

지역 브랜드노믹스의 효과는 기업 브랜드노믹스, 개인 브랜드노믹스와 연관성이 높다. 일례로 제주도, 남이섬처럼 지역명 자체가 브랜드화된 경우와 '굿뜨래'(부여군 공동 브랜드), '횡성한우'(횡성군 한우 공동 브랜드)처럼 지방자치단체에서 운영하는 공동 브랜드, 제주도 대표 브랜드 '삼다수', 볼프스부르크의 '폭스바겐' 같은 지역을 대표하는 기업의 브랜드가 있다. 연 70만 명의 관광객이 찾는 고 노무현 대통령의 고향 봉하마을은 노무현이라는 개인 브랜드가 지역 브랜드노믹스에 영향을 미치는 좋은 사례라 할 수 있다. 효과 면에서는 관광객 증가에 따른 소비 증가 등으로 재정자립도를 높이는 데 영향을 주는 직접 효과와 애향심 향상, 지역민의 자부심 증가 등의 간접 효과가 있다.

　기업 브랜드노믹스의 효과는 개인 브랜드노믹스, 국가 브랜드노믹스와 연관성이 높으며, 국가경제의 핵심이다. 내수의 활성화를 통한 고용 창출, 주가 상승, 투자 확대, 소비 촉진은 물론 수출의 활성화를 통해 외화를 벌어들이고 세수를 증대시켜 국가경영의 안정화를 이루게 한다. 하지만 지나치게 소수의 기업 브랜드에 집중화된 국가는 항상 높은 위험이 함께 따른다는 부정적인 효과가 있으므로, 국가적 차원에서 소수 기업의 집중화를 분산시킬 수 있는 브랜드 육성전략이 필요하다. 기업에서는 기업 브랜드노믹스에 미치는 영향이 점차 높아지고 있는 CEO 브랜드 관리에도 만전을 기해야 한다. 소비자를 등돌리게 하는 CEO의 언행은 기업과 브랜드를 망하게 하는 지름길이기 때문이다.

가정 브랜드노믹스는 개인 브랜드노믹스, 지역 브랜드노믹스와 연관성이 높다. 가정경제가 활성화된다는 것은 소득이 많아 소비 지출이 활발하게 이루어지는 것이고, 나아가 국내 경제의 순기능으로 작용하는 브랜드노믹스의 기본이다. 경주 최부자집처럼 위대한 가정 브랜드노믹스가 있다면 지역의 명소가 되어 관광객을 창출하며 지역 브랜드 이미지 제고에 도움이 되는 간접 효과도 나타난다.

개인 브랜드노믹스는 가정 브랜드노믹스, 지역 브랜드노믹스, 국가 브랜드노믹스와 연광성이 높다.

잘 만들어진 개인 브랜드의 직접 효과는 가정경제를 활성화시키며, 기업화되어 일자리를 창출하기도 한다. 간접 효과로는 가정(門), 출신학교, 지역, 기업, 국가 브랜드가 좋은 이미지를 형성하는 데 많은 도움을 준다.

개인 브랜드의 단점 중 하나는 생명력이 짧은 것(연예인, 운동선수 등)이며, 예측 불가능한 많은 위험에 노출되어 있다는 것이다.

진정으로 성공한 개인 브랜드는 이순신장군, 세종대왕, 노무현 전 대통령처럼 일시적이 아니라 사후에도 소비자나 국민으로부터 사랑받아 가정경제, 지역경제, 국가경제에 직접적인 도움은 물론 정신적으로도 도움을 주는 브랜드이다.

구분	직접 효과		간접 효과	
	긍정 효과	부정 효과	긍정 효과	부정 효과
세계 브랜드노믹스, 기업 브랜드노믹스, 국가 브랜드노믹스와의 밀접	매출 증가, 주가 상승, 수출 증대, 고용 창출, 소비 촉진	글로벌 경제 위기, 주가 하락, 실업 증가, 세계경제 불황, 교역량 감소, 물가 상승	국가 브랜드 이미지 향상, 기업 브랜드 이미지 향상	국가 브랜드 이미지 하락, 세계 각국 투자심리 감소
국가 브랜드노믹스, 기업 브랜드노믹스, 지역 브랜드노믹스와의 밀접	IKEA 한국 진출	리먼 브라더스 파산	이케아(스웨덴)	리먼 브라더스 파산
	관광객 증가, 소비 지출 증대, 고용 창출, 수출 증대	관광객 감소, 소비 지출 감소, 실업 증가, 수출 감소	국가 브랜드 이미지 향상, 원산지 효과 강화, 수출 증대, 기업 브랜드 신뢰도 증가, 국내산업 활성화, 교민들 자부심 증대	브랜드 이미지 하락, 원산지 효과 하락, 수출 어려움, 국가경제 불황, 교민들 자부심 하락
	독일, 일본, 한국(한류)	시드, 그리스 국가 부도	한국 제품 신뢰도 증가	중국 제품 신뢰도 저하
지역 브랜드노믹스, 개인 브랜드노믹스, 기업 브랜드노믹스와의 밀접	관광객 증가, 소비 지출 증대, 고용 창출, 세수 증가, 재정자립도 향상, 기부·기탁 증가	관광객 감소, 소비 지출 감소, 실업 증가	지역 브랜드 이미지 향상, 지역민 자부심 증가, 지역 출신 애향심 증가, 간접광고 및 홍보	브랜드 이미지 하락, 지역민 자부심 저하, 지역 출신 애향심 저하, 삶의 질 저하
	황성한우, 굿뜨래, 봉하(노무현), 삼다수, 한라산소주, 문경간장, 남이섬(2,600억 원), 신기스트, 제스프리	후쿠시마(원전사고), 화성(연쇄살인사건)	반기문(음성 고향)	경천(카지노), 춘천(김진태의원과 거부)

구분	직접 효과		간접 효과	
	긍정 효과	**부정 효과**	**긍정 효과**	**부정 효과**
기업 브랜드노믹스, 개인 브랜드노믹스, 국가 브랜드노믹스와 밀접	매출 증가, 주가 상승, 고용 창출, 소비 촉진, 투자 확대, 세수 증대	매출 하락, 주가 하락, 부도, 실업 증가, 세수 하락	브랜드 신뢰도 상승, 인지도 증가, 이미지 제고	브랜드 신뢰도 저하, 인지도 하락, 이미지 하락
	삼성, 현대자동차, 다이소	대우조선해양	노키아(핀란드)	한진해운
가정 브랜드노믹스, 지역 브랜드노믹스, 개인 브랜드노믹스와 밀접	소득 증가, 삶의 질 향상, 소비 지출 증가	소득 하락, 소비 억제, 삶의 질 하락	관광객 창출·소비 향상, 지역 브랜드 이미지 제고	지역 브랜드 이미지 하락
	경주 최부자집, 스웨덴 발렌베리, 영국 로스차일드, 미국 록펠러	임진벽 (두정물산 항공기 난동)	경주 최부자집	순천(김진태의원), 순천(이정현의원)
개인 브랜드노믹스, 가정 브랜드노믹스, 지역 브랜드노믹스, 국가 브랜드노믹스와 밀접	수입 증가, 소비 지출 증가, 고용 창출	수입 하락, 소비 지출 감소, 실업 증가	국가·지역·가정·기업·출신학교 이미지 제고	국가·지역·가정·출신학교 이미지 하락
	김연아, 이승우, 손흥민, UFC링(아나운서 브루스 버퍼)	최순실, 이판용	김연아(한국, 고데), 최명정(SK그룹 회장 딸 증위 임관)	강정호 음주운전, 네이처리퍼블릭 대표

제2장
세계 브랜드노믹스
(Global Brandnomics®)

1. 세계 브랜드노믹스란

세계 브랜드노믹스(GlobalBrandnomics®)는 브랜드가 세계경제에 미치는 영향이다. 글로벌 시대의 글로벌 브랜드는 세계경제와 사회문화적으로 전 세계에 영향을 미치고 있다. 운송수단의 발달과 인터넷 혁명으로 인해 국가 간 국경은 무너졌다. 이로 인해 글로벌 브랜드가 세계경제에 미치는 영향력은 점차 확대되며 중요해지고 있다. 대표적인 예로, 2008년 리먼 브라더스의 파산은 기업과 국가를 넘어 전 세계 경제에 엄청난 위기를 초래하였고, 세계경제는 한 치 앞을 볼 수 없는 암흑으로 빠져들었다. 미국 연방정부는 2008년 금융위기 당시 AIG 파산이 가져올 파장을 우려해 850억 달러(97조 1,125억 원)의 긴급 구제금융을 결정하기도 했다.

국제통화기금(IMF)이 세계 각국의 GDP나 경제성장률 등 세계 경제지표를 발표하듯 세계적인 브랜드 컨설팅 기업인 인터브랜드(Interbrand)는 전 세계의 기업 및 제품, 서비스의 비즈니스 경쟁력인 브랜드 순위를 발표한다.

1년에 한 번씩 발표되는 인터브랜드의 Best Global Brands Ranking은 브랜드 순위와 함께 눈에 보이지 않는 무형적인 브랜드 가치를 알기 쉬운 숫자로 구체화시킨 것이다.

이렇게 발표된 지표는 치열한 비즈니스 세계에서 살아남기 위해 기업들이 가장 먼저 무엇을 해야 할 것인가를 여실히 보여주고 있을 뿐만 아니라, 기업들이 수십 년 또는 100년 이상 브랜드 가치를 위해 쌓아온 열정과 노력에 대한 대가를 나타낸 것이라 할 수 있다.

〈표 1〉 인터브랜드 2016 Best Global Brands 순위

순위	브랜드	가치($m)	순위	브랜드	가치($m)
1	Apple	178,119$m	9	Mercedes Benz	43,490$m
2	Google	133,252$m	10	GE	43,130$m
3	Cocacola	73,102$m	11	BMW	41,535$m
4	Microsoft	72,795$m	12	Mcdonald	39,381$m
5	Toyota	53,580$m	13	Disney	38,790$m
6	IBM	52,500$m	14	Intel	36,952$m
7	Samsung	51,808$m	15	Facebook	32,593$m
8	Amazon	50,338$m	16	Cisco	30,948$m

17	Oracle	26,552$m	42	Canon	11,081$m
18	Nike	25,034$m	43	NISSAN	11,066$m
19	Louis vuitton	23,998$m	44	Hewlett Packard	11,027$m
20	H&M	22,681$m	45	LOREAL	10,930$m
21	Honda	22,106$m	46	AXA	10,579$m
22	SAP	21,293$m	47	HSBC	10,458$m
23	Pepsi	20,265$m	48	HP	10,386$m
24	Gillette	19,950$m	49	citi	10,276$m
25	American Express	18,358$m	50	PORCHE	9,537$m
26	IKEA	17,834$m	51	Allianz	9,528$m
27	ZARA	16,766$m	52	SIEMENS	9,415$m
28	Pampers	16,134$m	53	GUCCI	9,385$m
29	UPS	15,333$m	54	Goldman Sachs	9,378$m
30	Budweiser	15,099$m	55	DANONG	9,197$m
31	J.P. Morgan	14,227$m	56	Nestle	8,708$m
32	ebay	13,136$m	57	Colgate	8,413$m
33	Ford	12,962$m	58	SONY	8,315$m
34	HERMES	12,833$m	59	3M	8,199$m
35	Hyundai	12,547$m	60	adidas	7,885$m
36	NESCAFE	12,517$m	61	VISA	7,747$m
37	Accenture	12,033$m	62	Cartier	7,738$m
38	Audi	11,799$m	63	Adobe	7,586$m
39	Kellogg's	11,711$m	64	Starbucks	7,490$m
40	Volkswagen	11,436$m	65	Morgan Stanley	7,200$m
41	PHILIPS	11,336$m	66	Thomson Reuters	6,830$m

67	LEGO	6,691$m	84	XEROX	5,290$m
68	Panasonic	6,365$m	85	Jack Daniel's	5,193$m
69	KIA	6,326$m	86	Sprite	5,148$m
70	Santander	6,223$m	87	Heineken	5,123$m
71	Discovery	5,944$m	88	MINI	4,986$m
72	HUAWEI	5,835$m	89	Dior	4,909$m
73	Johnson & Johnson	5,790$m	90	Paypal	4,839$m
74	TIFFANY & CO	5,761$m	91	JOHN DEERE	4,815$m
75	KFC	5,742$m	92	Shell	4,599$m
76	Master card	5,736$m	93	Corona	4,509$m
77	DHL	5,708$m	94	MTV	4,320$m
78	LANDROVER	5,696$m	95	JONNIE WALKER	4,317$m
79	FEDEX	5,579$m	96	Smirnoff	4,252$m
80	Harley & Davison	5,527$m	97	Moet & CHANDON	4,118$m
81	PRADA	5,504$m	98	RALPH LAUREN	4,092$m
82	CATERPILLAR	5,425$m	99	Lenovo	4,045$m
83	BURBERRY	5,362$m	100	TESLR	4,011$m

Best Global Brands Ranking의 브랜드 가치는 추상적이고 무형인 브랜드를 쉽게 이해할 수 있도록 화폐가치로 표시한 것이다. 브랜드 순위, 브랜드 가치를 통해 현재의 가치와 미래의 가치를 예상해 볼 수 있고, 세계경제에서 기업과 브

랜드의 가치가 어느 정도인지를 가늠해 볼 수 있다.

2016년 세계 1위 브랜드 애플(Apple)의 가치는 178,119$m
로, 우리나라 돈으로 환산하면 약 206조 원가량 된다. 쉽게
이야기해서 내가 컴퓨터나 스마트폰을 만들어서 애플(Apple)
이라는 브랜드를 사용하기 위해서는 206조원 이상을 지불
해야 한다는 의미이다. 이렇게 엄청난 돈은 개인은 물론이고
웬만한 대기업들도 지불하기 어려운 어마어마한 금액이다.

애플과 함께 세계 스마트폰 시장에서 치열한 순위 다툼을
벌이는 대한민국 브랜드 삼성(7위)은 51,808$m(약 60조 원)라
는 브랜드 가치가 있다. 그리고 10위 안에는 들지 못했지만
35위의 현대(12,547$m, 약 14조 6,400억 원)와 69위 기아(6326$m,
약 7조 3,800억 원)가 랭크되어 있어 대한민국의 기업 브랜드가
세계 스마트폰 경제와 자동차 경제에 많은 영향을 미치며 중
요한 위치에 있다는 것을 알 수 있다.

애플(Apple), 구글(Google), 마이크로소프트(Microsoft)와 같
은 IT 브랜드, 맥도날드(McDonald's)와 같은 서비스 브랜드,
코카콜라(Cocacola), 토요타(Toyota)와 같은 제품 브랜드 등은

높은 브랜드 가치와 시장 점유를 통해 전 세계에서 해당 산업경제에 큰 영향을 미치며 세계 경제를 움직인다 해도 과언이 아니다.

2. 인터브랜드 선정 100대 브랜드 보유 15개 국가 GDP 비교

인터브랜드 선정 100대 브랜드 보유 15개 국가 GDP(5,267,435,000만 $)가

IMF 197개 국가 GDP(7,529,112,000만 $)의 70%

인터브랜드의 Best Global Brands Ranking의 세계적인 브랜드는 17가지의 산업 분야에 속해 있으며 해당 산업 분야의 세계경제를 이끌어 가고 있다. 스마트폰 산업의 경제는 애플과 삼성, IT는 구글, 음료는 코카콜라, 자동차는 토요타 등이 주도적 역할을 하고 있다.

이렇게 높은 브랜드 가치의 글로벌 브랜드는 세계 곳곳에 진출하여 해당 산업의 세계경제에 영향을 미치고 있다. 이러한 영향력은 세계 국가들의 실질적인 경제생산능력을 수치로 환산한 GDP에서 100대 브랜드를 보유한 국가들의 GDP를 비교해 보면 쉽게 알 수 있다.

GDP(Gross Domestic Product)는 국내총생산의 약어로 국내인이든 외국인이든 한 국가 내에서 생산되는 재화와 용역의 부가가치의 총합을 표시한 수치이다. 이를 통해서 한 국가의 경제 규모를 다른 국가와 비교할 수 있는 잘 알려진 대표적 경제지표이다.

물론 GDP가 높다고 해서 반드시 모든 국민이 다 잘 살고, 선진국이라고 할 수 없지만 GDP가 한 국가의 경제적인 능력을 가늠할 수 있는 중요한 지표로 사용되고 있는 것은 분명한 사실이다.

다음은 2016년도에 IMF(International Monetary Fund)에서 발표한 세계 각국의 GDP 순위이다.

〈표 2〉 2016년 GDP 세계 국가 순위

순위	국가명	GDP($m)	순위	국가명	GDP($m)
1	미국	18조 5,619억 3,400만	14	스페인	1조 2,521억 6,300만
2	중국	11조 3,916억 1,900만	15	멕시코	1조 636억 600만
3	일본	4조 7,303억	16	인도네시아	9,409억 5,300만
4	독일	3조 4,948억 9,800만	17	네덜란드	7,699억 3,000만
5	영국	2조 6,498억 9,300만	18	터키	7,357억 1,600만
6	프랑스	2조 4,882억 8,400만	19	스위스	6,624억 8,300만
7	인도	2조 2,509억 8,700만	20	사우디 아라비아	6,377억 8,500만
8	이탈리아	1조 8,524억 9,900만	21	아르헨티나	5,417억 4,800만
9	브라질	1조 7,696억 100만	22	타이완	5,191억 4,900만
10	캐나다	1조 5,323억 4,300만	23	스웨덴	5,174억 4,000만
11	대한민국	1조 4,043억 8,300만	38	덴마크	3,025억 7,100만
12	러시아	1조 2,677억 5,400만	**197개국 GDP 계**		75조 2,911억 2,000만
13	오스트레일리아	1조 2,566억 4,000만	**100대 브랜드 15개국 GDP 계**		52조 6,743억 5,000만

출처: International Monetary Fund.
2016년 GDP 순위는 197개국으로 정의(199위까지 표시되었지만 188번과 197번이 빠져 있음)

GDP 순위에서 보듯 대부분의 국가들이 1위인 미국을 비롯하여 독일, 영국, 일본 등 우리가 일반적으로 선진국이라 칭하는 국가들이 순위에 올라 있는 것을 알 수 있다. 이들 국가들은 대부분 국민들도 잘 살고 국가도 잘 사는 선진국이라는 데 이의를 제기하지 않는다.

GDP 1위~20위권 안에 들어 있는 나라 중 선진국이라고 할 수는 없지만 대부분 인구 수가 많고 자원이 풍부하여 미래의 시장성장가능성이 높은 국가로 BRICS로 불리는 2위 중국, 7위 인도, 9위 브라질, 12위 러시아 등이 있다.

BRICS에 속한 나라는 2000년대를 전후로 빠르게 경제성장을 거듭하고 있는 신흥 경제개발국이다. 특히, 전 세계 인구의 40%가 넘어 막대한 내수시장과 함께 풍부한 노동력으로 지금보다는 앞으로의 성장 가능성이 주목되고 있다.

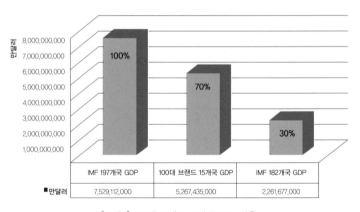

[그림 1] 100대 브랜드 15개국 GDP 비율

출처: International Monetary Fund 편집

IMF에서 발표하는 GDP의 국가는 총 197개 국가이다. 이 중에서 100대 브랜드를 보유하고 있는 15개 국가의 GDP가 전체 197개 국가 GDP의 70%를 차지하고 있다. 이것은 세계 경제의 70%를 15개 국가가 주도하여 이끌어 가고 있다고 볼 수 있는 지표이다.

　경제지표를 대표하는 GDP와 함께 인터브랜드사의 Best Global Brands Ranking은 전 세계 브랜드 순위를 비교할 수 있는 브랜드 가치의 기준이라 할 수 있다.

　2016 Best Global Brands Ranking 100위 안에 있는 브랜드를 보유한 국가는 세계 229개국(국제은행 통계 기준) 중 겨우 6.5%에 해당하는 15개 국가에 불과하다.

　15개국의 100대 브랜드 보유 수는 미국, 독일, 프랑스, 일본, 영국, 대한민국, 네덜란드, 스웨덴, 스페인, 스위스, 이탈리아, 중국, 덴마크, 캐나다, 멕시코 순이며, OECD(경제협력개발기구, Organization for Economic Cooperation and Development 전체 34개국, 중국 제외) 국가들이다.

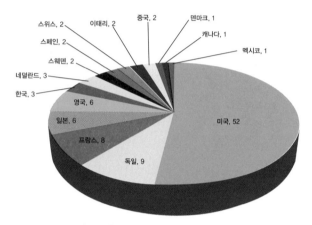

스위스, 2　이태리, 2　중국, 2　덴마크, 1
스페인, 2　　　　　　　　　　캐나다, 1
스웨덴, 2　　　　　　　　　　　　멕시코, 1
네덜란드, 3
한국, 3
영국, 6
일본, 6
프랑스, 8
독일, 9
미국, 52

[그림 2] 15개 국가별 브랜드 보유 개수

자료: 인터브랜드 2016 Best Global Brands

　그리고 [그림 3]의 국가별 보유 브랜드 가치 합계 순위는 미국, 독일, 일본, 프랑스, 대한민국, 스웨덴, 영국, 스페인, 스위스, 네덜란드, 이탈리아, 중국, 캐나다, 덴마크, 멕시코 순으로, [그림 2]의 국가별 브랜드 보유 개수 국가들 순위와는 다소 차이가 있다. 한국은 3개의 브랜드 보유로 네덜란드와 공동 6위이지만 브랜드 가치 합계 순위에서는 5위로 3개의 브랜드 모두 해당 산업 분야에서 경쟁력이 높고 세계경제에서 차지하는 비중이 크다고 하겠다.

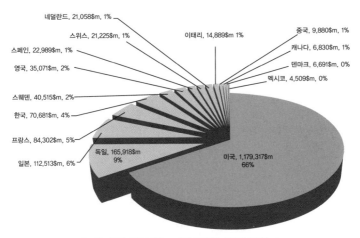

네덜란드, 21,058$m, 1%
스위스, 21,225$m, 1%
스페인, 22,989$m, 1%
영국, 35,071$m, 2%
스웨덴, 40,515$m, 2%
한국, 70,681$m, 4%
프랑스, 84,302$m, 5%
일본, 112,513$m, 6%
독일, 165,918$m 9%
이태리, 14,889$m 1%
중국, 9,880$m, 1%
캐나다, 6,830$m, 1%
덴마크, 6,691$m, 0%
멕시코, 4,509$m, 0%
미국, 1,179,317$m 66%

[그림 3] 국가별 브랜드 가치 비율(총 1,796,388$m)
자료: 인터브랜드 2016 Best Global Brands

이처럼 인터브랜드의 Best Global Brands Ranking과 세계 GDP 순위가 정확하게 일치하는 것은 아니지만 GDP가 높은 국가가 브랜드 가치도 높다는 것에 대해서는 어느 정도 일치한다는 것을 알 수 있다. 세계 1위 경제 대국인 미국이 GDP와 Best Global Brands Ranking에서 1위를 하고 그 뒤를 이어 독일, 프랑스, 영국, 일본 등이 경제 규모와 함께 많은 글로벌 브랜드를 소유하고 세계경제를 이끌어가고 있다 하겠다.

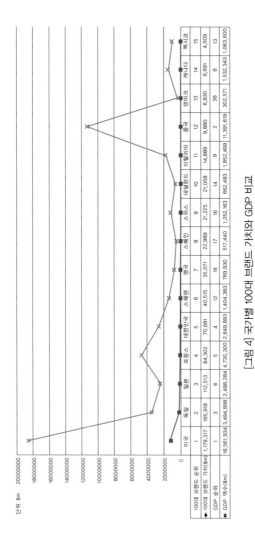

단위: \$m

	미국	독일	일본	프랑스	대한민국	스웨덴	영국	스페인	스위스	네덜란드	이탈리아	중국	덴마크	캐나다	멕시코
100대 브랜드 순위	1	2	3	4	5	6	7	8	9	10	11	12	13	14	15
100대 브랜드 가치(\$m)	1,179,317	165,918	112,513	84,302	70,681	40,515	35,071	22,989	21,225	21,058	14,889	9,880	6,830	6,691	4,509
GDP 순위	1	3	6	5	4	12	16	17	16	14	9	2	38	8	13
GDP 액수(\$m)	18,561,934	3,494,898	2,488,284	4,730,300	2,649,893	1,404,383	769,930	517,440	1,252,163	662,483	1,852,499	11,391,619	302,571	1,532,343	1,063,600

[그림 4] 국가별 100대 브랜드 가치와 GDP 비교

자료: 인터브랜드 2016 Best Global Brands, 2016 International Monetary Fund 편집

글로벌 브랜드를 많이 소유하고 브랜드 가치가 높은 국가가 경제 대국이라는 것은 의심할 여지가 없으며, 이들의 브랜드와 국가가 세계경제에 미치는 영향은 절대적일 수밖에 없다.

글로벌 100대 브랜드 15개 국가와 100대 브랜드의 최하위(멕시코) 이상 24개 국가의 GDP를 대륙별로 분포를 보면 더 확실하게 알 수 있다. 글로벌 100대 브랜드 보유 국가는 대부분 산업이 발달하고 많은 선진국이 있는 유럽과 전 세계 산업을 이끌고 있는 미국의 북미와 아시아의 3대륙이며, GDP 상위 24개국은 유럽과 신흥 경제국가가 포함된 아시아

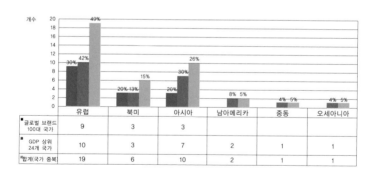

[그림 5] 글로벌 100대 브랜드 15개 국가와 GDP 상위 24개 국가 분포도

자료: 인터브랜드 2016 Best Global Brands, 2016 International Monetary Fund 편집

와 북미 중심으로 분포되어 있다.

글로벌 100대 브랜드 소유 국가와 GDP의 상관관계를 분석한 결과 브랜드 경제 측면에서 국가경제를 성장시키고 국가가 잘 살기 위해서는 세계적인 브랜드를 많이 육성하는 것이 중요하다는 것을 알 수 있다. 특히, 세계 100대 브랜드가 포함된 산업 분야는 해당 국가가 세계적으로 경쟁력을 확보하고 있다고 볼 수 있다. 그러므로 해당 산업 분야와 연관된 산업 분야를 육성할 수 있는 경제 정책을 수립하고 실행한다면 브랜드와 국가의 경쟁력을 확보할 수 있을 뿐만 아니라 세계경제에서도 선도자로 역할을 할 수 있을 것이다.

Brandnomics

3. 스마트폰 대표 브랜드 애플 아이폰(iPhone)이 세계경제에 미친 영향

세계적으로 브랜드 가치가 높고 많은 사람들에게 사랑받

는 브랜드를 만든다는 것은 현실적으로 어렵고도 힘들다. 하지만 그 결과는 위에서 보듯 단순히 기업에게만 좋은 성과를 가져오는 것이 아니라 기업이 속한 국가는 물론 국가를 넘어 세계경제에도 많은 영향을 미친다.

2014년 9월 애플의 신제품 아이폰6와 아이폰6플러스가 나오자마자 전 세계가 커다란 광풍에 휩싸였다. 아이폰을 간절히 기다리기라도 한 듯 사람들이 출시일에 맞춰 애플스토어 앞에 이틀 전부터 밤을 새워 가며 줄을 서서 기다리고 있는 모습을 언론을 통해 볼 수 있었다.

2014년 9월 20일 매일경제 기사에 의하면, 아이폰6 출시 때 예외 없이 출시 첫 날 이른 아침부터 아이폰6를 기다리는 사람들이 길게 줄을 서 있는 모습을 발견할 수 있었고, 애플의 수장인 팀쿡이 나와서 이들과 인사하는 모습도 카메라에 담겼다. 이러한 모습은 미국뿐 아니라 애플을 출시한 모든 나라에서 동일하게 볼 수 있는 모습이었다라고 전하고 있다.

호주에서는 1,200여 명이 제품을 구매하기 위해 열흘씩이나 대기하였고, 특히 홍콩에서는 아이폰을 사기 위해 중국 본토에 사는 사람들까지 합세하여 어마어마하게 긴 줄을 서기도 했다. 이와는 대조적으로 아이폰의 최대 라이벌이자 아이폰6와 함께 출시했던 갤럭시 노트4를 판매하는 홍콩 삼성 매장에서는 이와 같은 풍경은 찾아볼 수 없었고 오히려 한산해서 여유로운 모습을 보였다고 한다. 중국이 1차 판매국에서 빠지면서 아이폰 출시 일을 손꼽아 기다린 중국인들에게 첫 출시국에서 산 아이폰을 웃돈을 주고 파는 현상까지 나타났다. 이러한 현상은 다른 스마트폰보다 아이폰6에 대한 소비자의 기대가치가 높다는 것이다.

아이폰은 판매 첫날, 전 세계적으로 400만 대나 팔려 나갔으며, 이에 힘입어 애플사의 2014년 4분기 매출액은 421억 달러로, 2013년 같은 기간에 비교해 보면 10% 이상 상승했다. 이번에는 1차 판매국에 중국이 빠졌음에도 불구하고 아이폰 판매 개시 첫 주말 3일 동안 1,000만 대 이상 팔리는 등 새로운 기록을 작성했다.(WSJ코리아, 2014.11.23.)

〈표 3〉 아이폰 역대 모델 출시 첫 주말 판매량 기록 (자료: 애플)

연도	2010	2011	2012	2013	2014
첫판매일	6. 24.	10.14	09.21	09.21	09.19
판매량	1.7million	4million	5million	9million	10million
판매기종	Iphone4	Iphone4S	Iphone5	Iphone5S Iphone5C	Iphone6 Iphone6plus
판매국가	미국, 프랑스, 독일, 일본, 영국	미국, 프랑스, 독일, 일본, 영국, 호주, 캐나다	미국, 프랑스, 일본, 영국, 호주, 홍콩, 캐나다, 싱가포르	미국, 프랑스, 독일, 일본, 영국, 호주, 홍콩, 캐나다, 싱가포르, 중국	미국, 프랑스, 독일, 일본, 영국, 호주, 홍콩, 캐나다, 싱가포르

출처: 아이폰6·아이폰6+, 출시 첫 주말에만 1,000만 대 팔려, WSJ코리아, 2014.11.23.

아이폰6는 우리나라에서도 2014년 10월부터 예약 판매가 시작된 후 한 시간 만에 물량이 동이 날 정도로 인기를 끌었다. 이동통신 3사 모두 주문예약 1시간 만에 수만 건에 달하는 주문이 쏟아졌다고 한다. 또한 개통하는 31일에는 아이폰을 빨리 받기를 원하는 대기자들이 전날부터 줄을 서서 기다리는 모습이 여느 다른 나라와 다르지 않았다.(비지니스와치, 2014.10.31.)

특히 이번 아이폰6 구매자들의 87%가 기존 아이폰5 이하기종을 사용하던 사용자들의 기종 변경이었다는 사실은 더욱 놀랄 만한 일이며, 애플 아이폰에 대한 브랜드 충성도를 한마디로 확인할 수 있는 대목인 것 같다.(아이티투데이, 2014.11.1.)

2014년 9월 19일부터 판매가 시작된 신제품 아이폰6, 아이폰6플러스 2종의 2014 회계연도 4분기 판매량은 3,927만 대가 팔려 나갔는데, 이는 2013년 판매량 3,379만 대보다, 그리고 애널리스트 예상 판매량 3,780만 대보다도 더 많이 판매가 되었다. 또한 이 기간 매출액도 421억 2,000만 달러로 374억 7,000만 달러였던 2013년 같은 기간보다 12% 증가했고, 이 기간 애플의 순이익은 13% 증가한 84억 7,000만 달러로, 2013년 같은 기간 순이익인 75억 1,000만 달러보다 늘어났다.(WSJ코리아, 2014.10.21.)

다음 도표는 아이폰 역대 모델별 출시 국가를 나타낸 기록이다. 여기서 중요한 것은 2012년 아이폰5의 총 98개 출시 국가를 정점으로 2013년 총 41개 출시국가로 하락했던 수치가 2014년부터 1차 출시 국가와 총 출시 국가가 늘어나고 있다는 것이다. 이것은 애플의 스마트폰이 전 세계의 소비자를 늘려나가는 것뿐만 아니라 세계 스마트폰 관련 경제에 미치는 지배력과 영향력이 점차 크게 확대되고 있다는 것을 나타내는 것이다.

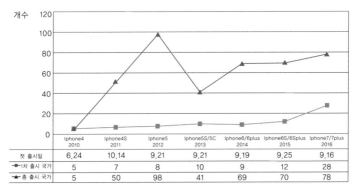

[그림 6] 애플 아이폰 연도별 출시 국가

자료: 위키백과 참고 편집

우리가 손에 들고 있는 아이폰7은 가로 67.1mm, 세로 138.3mm, 두께 7.1mm의 크기와 무게 138g으로 작지만 이 작은 스마트폰이 세계경제에 미치는 크기와 무게는 상상 그 이상이다.

그것은 스마트폰과 연관된 산업이 너무도 광범위하기 때문이다. 애플이 2007년 1월 9일 '아이폰 1세대'를 공개한 지 10년 만에 스마트폰 기기 및 서비스는 커뮤니케이션뿐 아니라 엔터테인먼트부터 비즈니스까지 사람들의 삶 속에 빼놓을 수 없는 허브가 되었다.

스마트폰과 연관된 가장 기본적인 산업은 스마트폰을 만들기 위해 들어가는 부품과 관련된 제조산업, 스마트폰을 구동하게 할 수 있는 소프트웨어 산업, 스마트폰을 부품과 관련된 특허, 디자인, 브랜드 등의 지식재산산업, 스마트폰을 세계 어디서나 쓸 수 있게 하는 통신업, 스마트폰을 판매하고 A/S를 하는 서비스업, 스마트폰을 공급하는 물류산업, 그리고 스마트폰을 활용하여 이루어지는 다양한 비즈니스까지 그야말로 삶의 허브가 아닐 수 없다.

애플의 가치사슬을 보면 애플이라는 브랜드가 세계 브랜드 경제에 미치는 영향력이 얼마나 엄청난지 알 수 있다. 애플은 아이폰을 만들고 소비자에게 공급하기 위해 독특한 공급체계를 가지고 있다. 애플은 디자인, 기술개발, 마케팅, 소프트웨어 개발 등 스마트폰의 핵심 경쟁력은 철저하게 본사

가 있는 미국의 캘리포니아에서 하고 있지만 그 외의 부품
은 전 세계에서 공급을 받고, 완제품 조립은 중국에서 하는
글로벌 유통 체계를 가지고 있다.

〈표 4〉 Apple Supply Chain(2014, 아이폰6 이전 모델 기준)

디자인 및 개발 (Design & Development Development)	소싱 (Sourcing)	제조 (Manufacturing)	물류창고 (Warehousing)	유통 (Distribution)
미국	미국	중국	미국	미국
	중국			
	아시아			글로벌
	유럽			

자료: http://massukr.tistory.com/426 편집

   또한 애플은 아이폰을 생산하기 위해 국가별 협력체계를
갖추고 있다. 2014년 애플 아이폰6 생산 기준으로 전 세계 31
개 국가에서 785개의 협력업체를 통해 아이폰이 생산되었다.
이것은 애플의 아이폰 브랜드로 인해 785개의 회사가 운영이
되며 고용창출이 이루어지고 있다는 것을 알 수 있다. 여기에

협력업체 수	숫자
350	
300	
250	
200	
150	
100	
50	
0	

	협력업체 수
중국	349
일본	139
미국	60
대한민국	42
대만	32
말레이시아	21
필리핀	24
싱가포르	21
독일	17
베트남	13
홍콩	11
인도네시아	7
이스라엘	6
프랑스	6
태국	5
벨기에	5
이탈리아	3
헝가리	3
영국	3
브라질	2
코스타리카	2
오스트리아	2
네덜란드	2
캐나다	1
포르투갈	1
스페인	1
멕시코	1
푸에르토리코	1
불가리아	1
합계 국가	31
합계 협력업체	785

[그림 7] 애플 아이폰6 국가별 협력 업체 수

자료: http://massukr.tistory.com/426 편집

아이폰을 통해 이루어지는 새로운 비즈니스의 경제적 효과까지 영역을 넓힌다면 애플이 창출해 내는 직·간접적 경제 효과와 부가가치는 실로 어마어마할 것이다.

2016년 8월 3일 베타뉴스와 일본의 마이니치신문, 도요게이자이 등 일본 언론에 따르면 애플과 직·간접적으로 창출된 일본 내 일자리 수는 약 71만 5천 명이며, 2015년 애플과 거래한 일본 협력 업체 수는 865개 사로 파악됐다고 애플 재팬이 발표했다.

애플 재팬에서 일하는 직원 수가 2,900명이며, 애플의 지출과 성장으로 다른 기업에서 창출된 일자리는 26만 9천 명으로 나타났으며, 이는 애플의 부품, 재료 공급업체이거나 애플이 지출한 물품 및 서비스에 의해 만들어진 것이라고 했다. 애플에 따르면 지난 2008년 앱스토어가 설립된 이후 iOS 앱 디자인과 개발이라는 새로운 산업이 탄생했으며, 이로 인해 44만 5천 명의 고용이 창출됐다. 이들의 수를 모두 합치면 71만 명이 넘는다고 발표했다.

애플은 또 전 세계적으로 500억 달러에 육박하는 앱스토어 매출 가운데 약 96억 달러가 일본을 거점으로 하는 개발자들에게 지급되었고, 일본 내 개발자 수는 약 53만 2천 명으로 추정됐다고 한다.(박은주, 애플, 일본서 71만 명 고용 창출...일본 협력업체 수는 865개사, 베타뉴스, 2016.8.2.)

또한 2015년 애플에 부품 등을 공급한 일본 업체 수는 교세라 등 총 865개사로 집계됐으며, 지급액은 300억 달러(한화 약 33조 2,250억 원, 3조 엔)을 넘어선 것으로, 3조 엔은 일본 전자업체 NEC의 매출과 맞먹는 어마어마한 수치이다.

이처럼 잘 키운 브랜드 하나는 기업의 매출 및 이익뿐 아니라 국가경제, 세계경제는 물론 인간의 삶에도 커다란 영향을 미치고 있다는 것을 알 수 있다.

그리고 왜 전 세계가 열광하는 브랜드, 사랑받는 글로벌 브랜드를 만들어야 하는가에 대한 이유를 바로 애플 아이폰에서 찾을 수 있다.

세계경제는 거미줄처럼 연결되어 있다. 하나의 기업이 혼자 모든 것을 다 할 수 있는 기업은 없다. 그러므로 하나의 브랜드가 실패하게 되면 해당 브랜드와 관련되어 있는 모든 기업이 어려움에 처하게 된다.

반대로 하나의 브랜드가 성공하면 브랜드와 직·간접적으로 관련되어 있는 모든 기업들이 동반 성장할 수 있는 기회가 되기도 한다.

세계 브랜드노믹스는 하나의 국가와 브랜드가 독립적으로 움직이기보다는 세계의 모든 국가, 기업, 소비자들이 브랜드를 통해 연결되어 있고, 브랜드로 소통되고 있으며, 경제에 막대한 영향을 미친다는 것이다. 그래서 세계경제에서 브랜드가 중심에 있고 중요한 이유인 것이다.

노키아가 몰락했다고 해서 스마트폰 산업이 몰락한 것은 아니다. 단지 노키아라는 브랜드가 몰락한 것이다. 그리고 그 노키아의 자리를 애플의 아이폰과 삼성의 갤럭시가 대신하고 있을 뿐이다.

제3장
국가 브랜드노믹스
(National Brandnomics®)

1. 국가 브랜드노믹스란

국가 브랜드노믹스(National Brandnomics®)는 브랜드가 국가 경제에 미치는 영향이다. 한 나라의 국가 브랜드는 그 나라가 세계에 미치는 영향력을 나타낸 국가 브랜드 지수와, 국가 브랜드를 화폐로 환산한 국가 브랜드 가치로 평가된다. 2016년 US NEWS가 60개국을 대상으로 발표한 국가 브랜드 지수 20을 보면 1위는 독일, 2위 캐나다, 3위 영국, 4위 미국, 5위 스웨덴, 한국은 19위로 나타났다.

2015년 영국의 브랜드파이낸스(Brand Finance)가 발표한 "2014 국가 브랜드 연례보고서"에 따르면, 브랜드 가치가 가장 높은 국가는 국가 브랜드 순위를 발표한 2010년부터 5년 연속 1위를 차지한 미국(19조 2,610억 달러)이며, 한국은 총 100개 국가 가운데 9,970억 달러로 16위를 차지했다.(헤럴드경제, 2015.2.12.)

국가 브랜드 지수와 국가 브랜드 가치의 특징은 국가의 전문성과 관련된 연상 이미지와 브랜드 간 상호 연관성이 많다는 것이며, 국가 브랜드 지수와 국가 브랜드 가치가 높은 국가일수록 세계적인 브랜드를 많이 보유하고 있으며, 선진국이 대부분이라는 것을 알 수 있다.

위키백과의 자료에 의하면 국가 브랜드 지수는 국민이나 기업 등 민간의 활동으로 향상시킬 수도 있고, 국가의 국가 홍보와 관리 등으로도 향상될 수 있다. 국가 브랜드 이미지는 한 국가의 경제적 성취에 지대한 영향을 미치는 것으로 여겨지고 있다. 현대에 소비자의 감성을 자극하는 브랜드·이미지 마케팅은 여러 기업들에 의해 이루어지고 있다. 이것은 광고 등의 행위로 나타난다. 브랜드·이미지 마케팅은 그것으로 상품이나 용역의 가치 및 경쟁력을 크게 향상시킬 수 있다. 예를 들어, 같은 품질과 디자인의 제품이라도 브랜드 가치가 떨어지는 기업·국가에서 생산된 제품보다는 국가 브랜드가 높은 기업·국가에서 생산된 제품이 더 비싸게 팔릴 수 있다. 이유는 브랜드 가치가 높은 기업·국가에서 만들어진 상품일수록 소비자가 신뢰하게 되며 고급품이라고 생각하게 되는 경향이 나타나기 때문이다. 국가 브랜드는 국가적 차원에서의 그러한 경쟁력 요소를 뜻한다. 또한 국가의 관광 수입 증대에도 영향을 미칠 것이다. 이 가치는 미래 시대로 갈수록 감성과 심리적 만족감과 같은 정서적 욕구를 추구하게 될 소비자의 증가로 인하여 더욱 중요성이 강조될 것이다. 덴마크의 미래학자 롤프 옌센(Rolf Jensen)은 이러한 판매전략적 가치가 중요시될 경제사회를 '드림 소사이어티'라고 하였다.

국가 브랜드 가치란 한 국가 내의 모든 국민들이 생산해 내는 브랜드 가치의 총합산을 나타낸다. 이 자료는 37개국을 통계 대상으로 하고 있다. 이 지표는 5개년 국가경제 전망, 효율성 측정, 일곱 가지의 경제적 성과에 관한 측정, 여덟 가지 인프라 측정, 여섯 가지의 소비자 지각도 측정을 통해 최종적으로 국가 브랜드의 GDP 및 해당 국가의 해외자본력, 해외 경제활동에의 기여도를 측정하는 자료, 즉 국가 브랜드의 상업적 브랜드 가치를 반영하기 때문에 보다 거시경제와의 연관성이 크다.(자료: 위키백과)

매년 인터브랜드에서 발표하는 글로벌 100대 브랜드, 브랜드파이낸스(Brand Finance)에서 발표하는 100대 국가 브랜드 가치, US NEWS에서 발표한 국가 브랜드 지수, 그리고 한 나라의 경제 지표로 사용되는 GDP를 비교해 보면 100대 브랜드를 많이 보유한 나라가 국가 브랜드 가치, 국가 브랜드 지

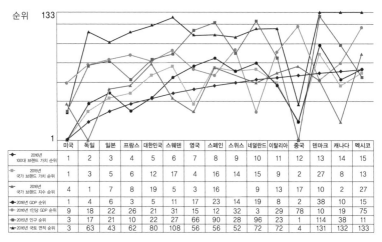

	미국	독일	일본	프랑스	대한민국	스웨덴	영국	스페인	스위스	네덜란드	이탈리아	중국	덴마크	캐나다	멕시코
2016년 100대 브랜드 가치 순위	1	2	3	4	5	6	7	8	9	10	11	12	13	14	15
2015년 국가 브랜드 가치 순위	1	3	5	6	12	17	4	16	14	15	9	2	27	8	13
2016년 국가 브랜드 지수 순위	4	1	7	8	19	5	3	16		9	13	17	10	2	27
2016년 GDP 순위	1	4	6	3	5	11	17	23	14	19	8	2	38	10	15
2016년 1인당 GDP 순위	9	18	22	26	21	31	15	12	32	3	29	78	10	19	75
2015년 인구 순위	3	17	21	10	22	27	66	90	28	96	23	1	114	38	11
2016년 국토 면적 순위	3	63	43	62	80	108	56	56	52	72	72	4	131	132	133

[그림 1] 100대 브랜드 가치 + 국가 브랜드 가치 + 국가 브랜드 지수 + GDP +
1인당 GDP + 인구 수 + 국토 면적

자료: [저자 재편집] 2016 100대 브랜드 가치 순위(인터브랜드 2016 Best Global Brands), 2015 국가 브랜드 가치 순위(2015 브랜드파이낸스 100대 국가 브랜드 가치), 2016 국가 브랜드 지수 순위(2016 US NEWS), 2016 GDP 순위(2016 International Monetary Fund), 2016 1인당 GDP 순위(2016 International Monetary Fund), 2015년 인구 순위(2015년 CIA The World Factbook 기준), 2016년 국토 면적 순위(다음백과 기준)

수, GDP가 높다. 그러므로 경제 강국이 되고자 한다면 세계적인 브랜드 기업을 육성하는 데 많은 노력과 지속적인 투자가 필요하다.

이러한 결과는 국가 브랜드 지수와 국가 브랜드 가치가 높으면 기업이 경제활동을 하는 데 많은 부분에서 긍정적 영향을 미치며, 해당 산업 분야에 대한 적극적인 투자로 산업, 기업, 브랜드가 함께 성장하는 효과를 가져온다.

반대로 기업이 브랜드를 잘 성장시켜 세계적인 파워브랜드(Power Brand)를 만들면 국가 브랜드 지수와 국가 브랜드 가치를 높이는 데 도움을 주어 국가의 경쟁력과 이미지 제고에 보탬이 된다. 브랜드는 기업을 넘어 국가를 대표하는 하나의 아이콘(Icon)으로 작용하기 때문이다.

2014년 11월 11일 컨설팅 업체 퓨처 브랜드(Future Brand)는 문화유산, 삶의 질, 비즈니스, 관광 등의 요소를 평가한 '2014~2015 국가 브랜드 지수'를 발표했다.

보고서에 따르면 '메이드 인 재팬' 상품은 질이 좋고 독특한 것으로 평가됐으며 가장 모멘텀(Momentum)을 가질 수 있는 분야로 '기술과 혁신' 분야가 꼽혔다.

일본이 가장 전문성을 가지는 분야에 대한 설문에서도 역시 '기술'이 가장 높게 평가됐으며, '소비재 전자제품'과 '자동차', '가정용품' 등이 뒤를 이었다.(헤럴드 경제, 2014.11.13.)

일본 하면 떠오르는 기업 브랜드로는 닌텐도(Nintendo), 소니(Sony), 토요타(Toyota), 도시바(Toshiba), 파나소닉(Panasonic), 혼다(Honda), 히타치(Hitachi)가, 미국은 애플(Apple), 페이스북(Facebook), 마이크로소프트(Microsoft), 구글(Google) 등이 미국을 대표하고, 벤츠(Mercedes-Benz)와 BMW는 독일을 루이비통(Louis Vitton)은 프랑스를 구찌(Gucci)는 이탈리아를 노키아(Nokia)는 핀란드를 삼성은 한국을 대표한다. 이와 같이 기업의 브랜드는 국가의 경쟁력, 인지도, 이미지를 높여 국가의 경제력을 향상시키는 데 일조를 하며, 잘 구축된 국가 브랜드 지수와 국가 브랜드 가치는 세계시장에서 기업이 경제활동을 하는 데 많은 상승 효과를 창출하고 있다.

그중 브랜드를 만드는 국가의 후광, 즉 원산지 효과(Effect of the Country-of-Origin; 원산지 이미지가 소비자의 상품에 대한 태도

나 구매행동에 미치는 영향(Martin & Eroglu, 1993; Nagashima, 1970; Bilkey, 1993; Han, 1989, 1998; Bilkey & Nes, 1982))는 브랜드에 대한 신뢰도를 더욱 공고하게 만들어 준다. 예를 들어, 명품의 경우 원산지 효과가 매우 중요하다. 원산지가 어디냐에 따라 명품 브랜드 이미지가 달라질 수 있다.[1]

명품 브랜드가 많은 이탈리아는 오랜 세월 동안 가업을 물려받은 장인이 대를 이어 역사와 전통이 있는 패션 브랜드를 만들어 오고 있다. 이뿐 아니라 세계의 패션 중심에는 이탈리아 디자이너들의 차별화되고 개성이 넘치는 디자인이 그 가치를 높이고 있다. 국민들 또한 패션에 관심이 많고 개성 넘치는 패션 리더들이 많이 있다. 이러한 영향으로 우리나라에도 많은 이탈리아의 명품 브랜드 구찌(Gucci), 프라다(Prada), 돌체앤가바나(Dolce & Gabbana), 토즈(Tods), 베르사체(Versace), 펜디(Fendi), 페라가모(Ferragamo), 조지아르마니(George Armani) 등이 국내 소비자들에게 사랑을 받고 있다.

---

[1] 김보영, 최정인, 유원상, 명품의 원산지와 브랜드 이미지가 소비자의 브랜드 평가에 미치는 영향, 한국경영공학회지 제18권 제2호, 2013년 7월.

특히 이탈리아에서 만들었다는 Made in Italy라는 제조국 원산지 표시가 브랜드와 함께 상승효과를 만들어 소비자들에게 무한 신뢰를 준다. 물론 브랜드의 글로벌 정책을 통해 비용 절감적인 측면에서 실제 만들어지는 국가는 이탈리아가 아닌 경우도 있겠지만 Made in Italy라고 하는 원산지 표시는 소비자에게 제품에 대한 믿음과 신뢰라는 보증작용으로 커다란 영향을 미치고 있고, 브랜드마케팅에 활용하여 명품 이미지를 높이고 있다.

롤렉스(Rolex), 스와치(Swatch), 태그호이어(TAG Heuer), 티쏘(Tisso) 등으로 대표되는 명품 시계의 나라 스위스는 Swiss made라고 하는 원산지 표시가 고급 시계 브랜드에 영향을 준다. 우리나라에서 판매되는 명품 시계 브랜드의 원산지 표시는 대부분 스위스다. 스위스에서 시계를 만들지 않으면 명품 브랜드로서의 명성이나 가치에 흠이 될 수 있다. 그렇기 때문에 시계가 주 생산품이 아닌 패션 명품 브랜드들 대부분이 스위스에서 시계를 생산하며 스위스 원산지 표시를 선호한다.

우리가 잘 아는 대중적인 패션 시계의 대명사 스와치 (Swatch)도 1970년대 일본의 세이코(Seiko)와 시티즌(Citizen) 이 고품질의 저가 시계 시장에서 선전하는 커다란 위기 상 황에서도 Swiss made라는 원산지 표시를 고집해서 오늘날 세계 최대의 시계 그룹이 되었다고 해도 과언이 아니다. 만 약 생산 비용을 감안해서 동유럽이나 생산 비용이 낮은 제 3의 국가에서 생산했다면 지금의 스와치는 없었으리라 생각 되고 스위스의 시계 산업도 경쟁력을 잃었을지 모른다.

물론 이러한 주장은 과장일 수 있겠지만 Swiss made는 시계 산업에서 엄청난 경쟁력이며, 뛰어난 가치를 증명해 주 는 보증 브랜드인 것은 분명한 사실이다.

그러나 브랜드 원산지 효과보다 비용 절감 측면을 고려하 여 자국보다 생산원가가 낮은 생산국에서 제조하여 오히려 기존의 브랜드 가치나 이미지가 희석되는 결과를 초래하기 도 하는 경우도 있다. 캐논(Canon)은 자국에서 생산하는 것 보다 1/10 정도의 생산 비용 절감을 이유로 중국에서 생산 하다 브랜드에 대한 전반적인 이미지와 가치를 생각하여 다시 자국으로 돌아가게 된 사례다.

물론 꼭 브랜드 이미지만을 고려한 것이라고 단정할 수는 없지만 비중 있는 영향을 미쳤으리라 생각된다. 이 외에 엔화의 약세, 현지의 경영 사정이나 환경 변화(인건비 상승, 지방 정부와의 갈등, 경쟁 심화 등) 등 복합적인 상황과 전략적 부분을 고려해서 내린 결론일 것이다.

그러나 일본으로의 유턴은 일본이 생각하는 기술력과 품질을 회복하기 위한 조처라 생각된다. 기술력과 품질은 바로 브랜드력, 즉 브랜드 이미지를 높이는 가장 근본적인 해결책이기 때문이다.

캐논, 도시바, 파나소닉, 혼다자동차, 닛산자동차 등 일본의 주요 기업들은 해외 비중을 줄이고 본국에서 생산 비중을 높이고 있다.(한국경제, 2015.1.9.)

브랜드 관점에서 기업이나 제품 브랜드의 이미지를 높이기 위하여 Made in China보다 Made in Japan이 품질이나 기술적인 측면에서 소비자에게 더 신뢰를 주고 브랜드 이미지를 높이는 원산지 효과를 고려한 결과라 할 수 있다.

이렇듯 제조국은 브랜드에 커다란 영향을 미친다. 잘 키운 브랜드는 그 국가를 대표하는 브랜드가 되어 국가 이미지를 높이는 등 기업이 소유한 브랜드와 국가가 서로에게 커다란 영향을 미치며, 이들을 통한 시너지 효과는 더욱 커진다.

미국은 애플, 페이스북, 구글, 마이크로소프트를 통해 IT 및 첨단산업 국가의 이미지를, 독일은 벤츠와 BMW를 통해 자동차 제조 강국 이미지를, 프랑스는 랑콤(Lancome), 디오르 (Dior), 겔랑(Geurlain), 루이비통(Louis Vitton), 샤넬(Channel) 등을 통해 고급 화장품과 패션 이미지를, 이탈리아는 구찌, 프라다 등을 통해 고급 패션 이미지를, 핀란드는 노키아, 한국은 삼성을 통해 IT 강국의 이미지를 연상할 수 있다. 이러한 이미지의 상호작용을 통해 국가 브랜드와 기업 브랜드가 시너지 효과를 창출하고 이미지를 강화시키고 있다.

실제로 2016 Best Global Brands Ranking 100위 안에 든 브랜드들을 면밀히 살펴보면 왜 이러한 이미지들이 반영되고 있는지 쉽게 알 수 있다.

자동차 제조 강국의 이미지를 가진 독일의 경우 100위 안에 있는 총 9개의 브랜드 중 Mercedes-Benz(9), BMW(11), Audi(38), Volkswagen(40), Porsche(50)의 5개가 자동차 브랜드이며, 전체 14개의 자동차 브랜드 중에서도 독일 자동차 브랜드가 5개로 46.9%를 차지한다.

하나의 브랜드가 100위 안에 든다는 것만 해도 강력한 브랜드 파워를 갖는다고 할 수 있는데 무려 다섯 개의 자동차 브랜드가 순위권 안에 있다는 것은 그만큼 독일이 자동차 강국으로서의 연상 이미지를 갖고 있다는 것을 의미한다. 이를 통해 독일의 국가 이미지가 자동차 분야에서는 최고라는 것을 의미한다고 할 수 있다.

럭셔리(LUXURY) 브랜드 강국은 이탈리아와 프랑스다. 이탈리아 국적의 100대 브랜드는 총 2개다. 2개의 브랜드는 세계적인 럭셔리 브랜드 GUCCI와 PRADA로 명품 패션 국가로서의 위상을 보여주고 있다.

프랑스는 100대 브랜드에 총 8개의 브랜드를 보유하고 있다. 8개 브랜드 중에서 Louis Vitton(19), Hermes(34), Cartier(62), Dior(89)의 4개 브랜드가 패션과 화장품을 대표

〈표 1〉 2016년 인터브랜드 발표 100대 독일 브랜드, 100대 자동차 브랜드,
100대 독일 자동차 브랜드

순위	100대 독일 브랜드	100대 자동차 브랜드	브랜드 가치 ($m)		국가
			100대 자동차 브랜드	100대 독일 자동차 브랜드	
05		TOYOTA	53,580$m		일본
09	Mercedes Benz	Mercedes Benz	43,490$m	43,490$m	독일
11	BMW	BMW	41,535$m	41,535$m	독일
21		HONDA	22,106$m		일본
22	SAP (21,293$m)				독일
33		FORD	12,962$m		미국
35		HYUNDAI	12,547$m		대한민국
38	Audi	Audi	11,799$m	11,799$m	독일
40	Volkswagen	Volkswagen	11,436$m	11,436$m	독일
43		NISSAN	11,066$m		일본
50	PORSCHE	PORSCHE	9,537$m	9,537$m	독일
51	Allianz (9,528$m)				독일
52	SIEMENS (9,415$m)				독일
60	Adidas (7,885$m)				독일
69		KIA	6,326$m		대한민국
78		LAND-ROVER	5,696$m		영국
88		MINI	4,986$m		영국
100		TESLA	4,011$m		미국
계			251,077$m	117,797$m	
개수 비중				46.9% (5개)	
브랜드 가치 비중				13.8%	

하는 럭셔리 브랜드로 프랑스의 원산지 효과와 국가 이미지를 대표하고 있다. 특히 8개의 명품 브랜드 가치 중 65.5%인 49,470$m의 절대적인 브랜드 가치가 명품 프랑스를 그대로 설명하고 있다고 할 수 있다.

〈표 2〉 2016년 인터브랜드 발표 100대 럭셔리 브랜드 / 이태리 / 프랑스

번호	순위	100대 럭셔리 브랜드	브랜드 가치($m)				계
			이탈리아 럭셔리 브랜드	프랑스 럭셔리 브랜드	미국 럭셔리 브랜드	영국 럭셔리 브랜드	
1	19	LOUIS VUITTON		23,998$m			23,998$m
2	34	HERMES		12,833$m			12,833$m
3	53	GUCCI	9,385$m				9,385$m
4	62	Cartier		7,738$m			7,738$m
5	74	TIFANY & CO			5,761$m		5,761$m
6	81	PRADA	5,504$m				5,504$m
7	83	BURBERRY				5,362$m	5,362$m
8	89	Dior		4,909$m			4,909$m
계			14,889$m	49,470$m	5,761$m	5,362$m	75,490$m
개수 비중			25%	50%	12.5%	12.5%	100%
브랜드 가치 비중			19.7%	65.5%	7.6%	7.1%	100%

앞의 〈표 2〉에서 보듯이 이탈리아와 프랑스 두 나라의 럭셔리 브랜드 가치가 전체 럭셔리 브랜드 가치에서 차지하는 비중은 85.2%이다.

미국은 2016 Best Global Brands Ranking 100위 안에 무려 52개의 브랜드가 있다. 100대 브랜드는 총 17개의 업종으로 분류가 되어 있다. 그중 에너지(쉘Shell)와 전자(필립스 Philips, 캐논Canon, 소니Sony, 파나소닉Panasonic)를 제외한 주류 2개, 의류 1개, 자동차 3개, 음료 3개, 비즈니스 서비스 2개, 포괄적(Diversified) 4개, 금융서비스 8개, 일용소비재 5개, 물류 3개, 럭셔리 1개, 미디어 3개, 레스토랑 3개, 스포츠 상품 1개, IT 관련 13개(리테일 분류 아마존Amazon, 이베이Ebay IT에 포함)의 브랜드가 15개의 다양한 업종에 포함되어 있다.

그중에서 가장 많은 브랜드가 있는 산업 분야는 1위에 등극한 Apple과, Google(2), Microsoft(4), IBM(5), Amazon(10), Intel(14), Cisco(15), Oracle(16), Hewlett Packerd(18), Facebook(23), Ebay(32) 등 IT 관련 분야의 브랜드로 13개를 보유하고 있다. 그리고 IT 관련 브랜드 대부분이 30위 이내

〈표 3〉 2016년 인터브랜드 발표 100대 IT 관련 브랜드 (미국 / 중국 / 독일 / 한국 브랜드)

번호	순위	100대 IT 브랜드	브랜드 가치($m)				계
			미국 브랜드	중국 브랜드	독일 브랜드	한국 브랜드	
1	1	APPLE	178,119$m				23,998$m
2	2	Google	133,252$m				12,833$m
3	4	Microsoft	72,795$m				9,385$m
4	6	IBM	52,500$m				7,738$m
5	7	SAMSUNG				51,808$m	5,761$m
6	8	amazon	50,338$m				5,504$m
7	14	intel	36,952$m				5,362$m
8	15	Facebook	32,593$m				4,909$m
9	16	cisco	30,948$m				30,948$m
10	17	ORACLE	26,552$m				26,552$m
11	22	SAP			21,293$m		21,293$m
12	32	ebay	13,136$m				13,136$m
13	44	Hewlett Packerd Enterprise	11,027$m				11,027$m
14	48	HP	10,386$m				10,386$m
15	63	Adobe	7,586$m				7,586$m
16	72	HUAWEI		5,835$m			5,835$m
17	79	Lenovo		4,045$m			4,045$m
계			656,184$m	9,880$m	21,293$m	51,808$m	739,165$m
개수 비중			76.5% (13개)	11.7% (2개)	5.9% (1개)	5.9% (1개)	100% (17개)
브랜드 가치 비중			88.8%	1.3%	2.9%	7.0%	100%

의 상위권에 포진하고 있어 미국을 IT 첨단산업 국가로서의 이미지를 더욱 강력하게 만들어 주고 있다.

글로벌 100대 브랜드에 있는 IT 관련 브랜드는 총 17개다. 이 중에서 미국 국적의 IT 관련 브랜드가 13개로 76.5%을 차지하고 있으며, IT 관련 브랜드 가치는 88.8%로 656,184$m로 나타났다.

기술과 혁신의 이미지를 대표하고 있는 일본은 2016년 100대 브랜드 안에 토요타, 혼다, 닛산의 자동차 브랜드와 전자제품의 캐논, 소니, 파나소닉 등 6개 브랜드가 포함되어 개수 순위에서는 영국과 공동 4위다. 하지만 브랜드 가치 합산으로는 영국의 35,071$m보다 3.2배 높은 112,513$m이다.

일본 자동차의 100대 브랜드는 전체 14개 중 3개를 차지하고 있지만, 브랜드 가치에서는 전체 자동차 브랜드 가치의 34.6%를 차지하고 있으며, 전체 전자제품 브랜드 4개 중 필립스를 제외한 3개의 브랜드가 일본 브랜드로 전자제품 전체 브랜드 가치의 69.4%를 나타내 기술과 혁신의 이미지로 대표되는 일본을 그대로 나타내고 있다.

〈표 4〉 2016년 인터브랜드 발표 100대 일본 브랜드/ 100대 자동차 브랜드/
100대 자제품 브랜드

번호	순위	100대 자동차 브랜드	100대 전자제품 브랜드	브랜드 가치($m)		국가
				100대 자동차 브랜드	100대 전자제품 브랜드	
1	05	TOYOTA		53,580$m		일본
2	09	Mercedes Benz		43,490$m		독일
3	11	BMW		41,535$m		독일
4	21	HONDA		22,106$m		일본
5	33	FORD		12,962$m		미국
6	35	HYUNDAI		12,547$m		대한민국
7	38	Audi		11,799$m		독일
8	40	Volkswagen		11,436$m		독일
9	41		PHILIPS		11,336$m	네덜란드
10	42		Canon		11,081$m	일본
11	43	NISSAN		11,066$m		일본
12	50	PORSCHE		9,537$m		독일
13	58		SONY		8,315$m	일본
14	68		Panasonic		6,365$m	일본
15	69	KIA		6,326$m		대한민국
16	78	LAND-ROVER		5,696$m		영국
17	88	MINI		4,986$m		영국
18	100	TESLA		4,011$m		미국
계				251,077$m	37,097$m	
일본 자동차 브랜드 가치 비중				34.6%(3개)		
일본 전자제품 브랜드 가치 비중					69.4%(3개)	

앞의 사례처럼 기업이 만든 브랜드가 잘 성장하고 발전한다면 기업에 커다란 이익을 가져다 주는 것은 물론이고 기업의 가치를 높이면서 국가경제와 산업에도 커다란 영향을 미친다는 것을 알 수 있다.

더불어 기업의 브랜드 성장은 세계적으로 국가의 위상을 한 단계 더 높이고 나아가 소비자에게 사랑받는 브랜드로 발전하여 세계경제에도 영향을 미친다고 할 수 있다.

처음에는 잘 알려지지 않은 브랜드였지만 지속적인 혁신과 발전을 통한 성장으로 국가를 뛰어넘은 두 개의 브랜드를 소개하고자 한다.

아마도 이 두 브랜드는 기업 매출이 국가의 수입이나 예산보다 많은, 즉 하나의 기업이 국가를 뛰어넘을 수 있다는 것을 보여 준 독특한 사례라고 할 수 있으며, 기업 브랜드가 국가경제에 어떠한 영향력을 미치는지에 대하여 단적으로 보여 주는 사례라고 할 수 있다.

2. 삼성이 한국 경제에 미친 영향

2013년 10월 삼성경제연구소가 후원하고 한국경영학회가 주관한 삼성 신경영 20주년 기념 국제학술대회가 열렸다. 신경영 20주년이 된 현재의 삼성은 정말 세계가 놀랄 정도로 비약적으로 발전해 있었다. 이러한 발전의 배경은 이건희 삼성 회장으로부터 시작되었다.

삼성 이건희 회장은 20여 년 전 LA의 한 매장을 둘러보면서 먼지가 수북이 쌓인 삼성의 가전제품을 보고 삼성이 망할 수도 있다는 위기의식을 느끼면서 긴급회의를 소집하였다. 독일 프랑크푸르트로 삼성의 핵심 경영진 200여 명을 집합시켜 위기에 놓인 삼성을 위해 다각도로 연구하고 고민하였고, 이러한 고심 끝에 최종적으로 내린 결론은 변화였다. '마누라, 자식 빼고 다 바꾸라'는 의식의 변화를 통해 위기의 삼성을 현재의 삼성으로 바꾼 혁신적인 변화라 할 수 있다.[2]

신경영 선언 이후 20년이 지난 지금 삼성은 몰라보게 달라진 위상을 실감할 수 있다. 매출은 1993년 29.1조 원에서 2012년 380.4조 원으로 38배나 많아졌고, 1993년 8,000억에 불과했던 세전이익은 39조 1,000억으로 196배 가까이 상승했으며, 시가총액도 7.6조 원에서 388조 원으로 44배나 급등했다.[3]

시가총액은 그동안의 경영 실적은 물론이고 잠재적 미래 기업 가치, 경영진의 능력 등을 포괄하는데 전반적인 삼성 브랜드 가치의 상승과 글로벌 투자자들이 바라보는 삼성의 위상이 높아졌음을 의미한다.

삼성의 인력 역시 1993년 14만 명에서 2012년 말 기준 42

---

2) [삼성 신경영 20년-①] '2류 삼성'에 쏟아진 이건희의 '독설', 연합인포맥스, 2013.6.3.

3) 김성수, 삼성 신경영과 신인사, 한국경영학회, 2013.6.20.

만 명으로 늘었는데, 단순히 양적으로만 늘어난 것이 중요한 것이 아니라 유난스러울 정도로 인재를 강조하는 삼성이 질적인 부분에서도 우수한 인재들을 채용하여 지금의 글로벌 기업으로 키워냈다는 것이 매우 중요하다고 하겠다.[4]

브랜드 랭킹도 20년 전에는 감히 이야기조차 하지 못할 정도였지만, 2000년 43위, 2002년 34위, 2006년 20위, 2012년에는 9위를 차지해 처음으로 10위권 내에 진입했고, 2015년

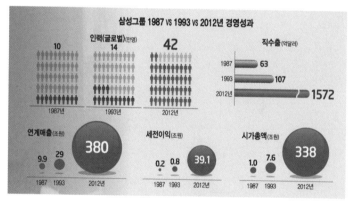

[그림 2] 삼성그룹 경영 성과

자료: 삼성그룹

4) [삼성 신경영 20년] 매출 13배, 시가총액 44배 뛰었다, 전자신문, 2013.5.29.

과 2016년은 가장 높은 위치인 7위의 세계적인 브랜드가 되었고 브랜드 가치도 518억 달러나 되었다.

삼성은 이뿐만 아니라 우리나라 국가경제에도 커다란 영향을 미쳤는데 특히 한 해 우리나라 국가 예산을 뛰어넘는 매출로 인하여 글로벌에서 한국의 위상을 높였다.

우리나라 국내총생산, 정부의 수입과 기업의 총매출액은 개념이 달라서 직접적으로 단순 비교할 수 있는 것은 아니

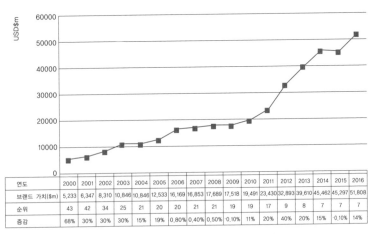

연도	2000	2001	2002	2003	2004	2005	2006	2007	2008	2009	2010	2011	2012	2013	2014	2015	2016
브랜드 가치($m)	5,233	6,347	8,310	10,846	10,846	12,533	16,169	16,853	17,689	17,518	19,491	23,430	32,893	39,610	45,462	45,297	51,808
순위	43	42	34	25	21	20	20	21	21	19	19	17	9	8	7	7	7
증감	68%	30%	30%	30%	15%	19%	0.80%	0.40%	0.50%	-0.10%	11%	20%	40%	20%	15%	-0.10%	14%

[그림 3] 삼성 브랜드 가치(2000~2016)

자료: 인터브랜드 2016 Best Global Brands

지만 한 국가가 한 기업에 어느 정도 의존하는지를 나타내는 지표로 참고할 수는 있다.

우리나라 정부의 2013년 총수입이 360조 8,000억 원인데 삼성의 2013년 매출 약 390조는 이미 한 국가의 예산을 뛰어넘는다는 것을 의미하고, 우리나라 국내총생산 1,428조의 26.6%를 차지할 만큼 놀라운 성적이라 할 수 있다. 또 삼성의 2013년 수출액은 1,572억 달러로 한국 전체 수출액 6,171억 달러의 25%에 달했다.[5]

삼성그룹 중 규모가 큰 삼성전자의 2013년 법인세 6조 2,877억 원은 정부가 거둬들인 전체 법인세 약 40조 원의 16%를 차지할 정도로 큰 규모인데, 이는 삼성이 한국 경제에 미치는 영향력을 쉽게 알려주는 부분이라고 생각된다.

한 국가의 1년 예산을 뛰어넘는 기업의 매출은 보기 드문 현상이면서 앞으로 이러한 기록은 거의 나오기가 힘들 거라 생각되고 삼성이 앞으로 지속적인 성장세를 이어간다면 이

---

[5] 한국경제, 삼성·현대차 의존도 너무 높다, 노컷뉴스, 2015.9.30.

기록은 당분간 계속 이어지리라 생각된다.

　기업의 이러한 매출로 인하여 정부는 예산에 커다란 도움이 될 뿐 아니라 국가도 재정적으로 어느 정도 안정을 유지할 수 있고, 기업도 안정된 정부 구조 속에서 기업 활동을 함으로써 서로가 상생할 수 있는 토대를 마련한다는 점에서 서로에게 플러스로 작용한다고 할 수 있다.

　물론 하나의 기업매출로 안정을 꾀한다는 것은 과장된 면이 있기는 하지만 이러한 기업이 하나둘씩 늘어간다면 국가 경제에 커다란 도움이 될 수 있고 국가 경쟁력도 높아질 것은 분명하다.

　경제적 측면에서 삼성 같은 기업을 통해 재정적으로 안정되고 건실하고 강력한 국가를 만들 수 있으며, 제2, 제3의 삼성 같은 기업들이 더 만들어져서 국가경제를 더욱 탄탄하게 만들 수 있다고 할 수 있다.

3. 노키아가 핀란드 경제에 미친 영향

NOKIA
Connecting People

핀란드가 탄생시킨 세계 굴지의 기업 노키아, 핀란드는 노키아랜드(Nokia Land)라는 말이 나올 정도로 노키아의 영향을 많이 받았다. 1990년대 후반부터 2000년대 중반에 이르기까지 10여 년 동안 척박한 땅에서 일구어낸 IT기술을 통해 노키아는 전 세계인에게 사랑받는 휴대폰 기업으로 우뚝 섰다.

핀란드는 울창한 삼림을 바탕으로 제지산업이 발달하였다. 노키아도 마찬가지로 제지펄프산업을 중심으로 1865년에 설립되었다. 노키아는 주로 1차 산업 중심이었지만, 사업구조 개편으로 다각화를 통한 성장을 추구하여 고무, 전선,

화학, 금속, 전자, 가전, 발전 등 다양한 분야로 사업을 확대하였다.

사업 확대에 따라 많은 계열사에서 매출은 급속히 늘어난 반면 수익성은 점점 악화되었고, 1980년대 말 핀란드의 금융위기와 더불어 구소련의 붕괴로 극심한 재정적 위기에 직면하게 되었다.

1992년 시티뱅크(Citibank) 출신의 요르마 오릴라(Jorma Ollila)가 새 CEO로 취임하면서 선택과 집중 전략에 따른 과감한 구조 조정을 실시하였으며, 그룹의 모태였던 제지, 펄프

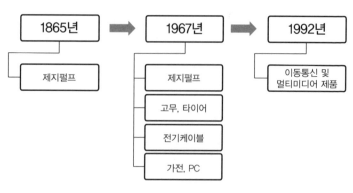

[그림 4] 노키아의 시기별 사업 구도

사업을 비롯해 고무, 타이어, 가전, PC 등 통신 분야 이외의 사업을 모두 정리하였다.

1990년 시점에서 노키아의 사업부별 매출 비중은 가전 (39%), 케이블(32%), 통신장비(15%), 휴대폰(14%)의 순으로 휴대폰이 매출에서 차지하는 비중은 큰 편이 아니었다. 이후 유선 케이블 사업을 정리하고 자사가 강점을 가지고 있는 무선용 통신기기 제조에 주력하는 2차 구조조정을 실시하였고, 1994년 뉴욕 증시 상장에 성공하였으며, 1998년 모토롤라 (Motorola)를 젖히고 세계 휴대폰 시장 점유율 1위에 등극(당시 점유율 23%)하게 되어 명실상부한 이동통신기기 분야의 선두 기업이 되었다.[6]

노키아는 선택과 집중에 따른 경영전략을 통해 2000년부터 2009년까지 세계시장 점유율 30%대를 유지하였다. 특히 2008년에는 세계시장 점유율 38.6%라는 놀라운 점유율을 기록하며 휴대폰 시장의 최대 강자임을 입증하였다.

---

6) 노키아의 성공요인과 미래전략, 산은경제연구소, 2008.6.20.

세계에서 위상을 떨치던 노키아는 핀란드 전체 수출의 20%와 핀란드 주식시장 가치의 70%, GDP의 4%에 달할 정도로 핀란드의 경제에 커다란 영향을 끼치면서 한 국가의 경제를 이끈 주역이었으며, 휴대폰 시장에서 독보적인 존재

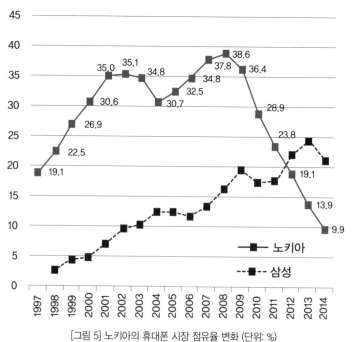

[그림 5] 노키아의 휴대폰 시장 점유율 변화 (단위: %)

자료 : 대외경제정책연구원, 경제구조의 변화에 따른 핀란드 경제의 장기침체와 구조개혁, p.11.

로 군림하였다.[7]

특히 GDP의 경우 핀란드에서 노키아가 차지하는 비중은
1995년에 1%에 그쳤지만 5년 후 2000년에는 4%로 크게 성
장했다. 2001년에서 2007년까지 2.9%에서 4% 사이에서 등

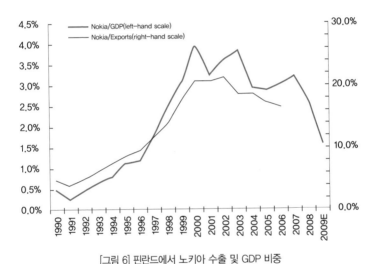

[그림 6] 핀란드에서 노키아 수출 및 GDP 비중

출처 : Jyrki Ali-Yrkkö (Ed.), Nokia and Finland in a Sea of Change, ETLA
(Research Institute of the Finnish Economy), Helsinki 2010, p. 10.

---

7) 강유덕, 양효은, 임유진, KIEP 오늘의 세계경제 경제구조의 변화에 따른 핀란드
경제의 장기침체와 구조개혁, 대외경제정책연구원, 2016.3.11.

락에 변화가 있었지만 핀란드의 경제 성장에 적지 않은 영향을 미쳤다.[8]

법인세의 경우, 핀란드 정부의 총 법인세 수입 중 노키아가 차지하는 비중이 2003년 23%에 달할 정도였고, 이후에도 많은 법인세를 부담했다.[9] 2007년에는 핀란드 사상 최대 규모인 12억 유로(약 1조 7,800억 원)의 법인세를 납부하기도 하였는데, 이는 핀란드 정부가 당시 예산(396억 유로)의 3.2%에 달하는 돈을 노키아 한 곳에서 거둬들였다.[10]

또한 일자리는 핀란드 제조업 고용인원의 5.5%를 책임지는 등 핀란드의 경제에 지대한 영향을 미쳤고 이를 통해 핀란드의 국가 이미지를 척박한 동토를 가진 북유럽 변방의 나라에서 세계 최첨단 IT 이미지를 가진 국가로 탈바꿈시켜 세계인들의 인식을 새롭게 만들었다.

8) Jyrki Ali-Yrkkö (Ed.), Nokia and Finland in a Sea of Change, ETLA(Research Institute of the Finnish Economy), Helsinki 2010, p.10.
9) 경제구조의 변화에 따른 핀란드 경제의 장기침체와 구조개혁, 대외경제정책연구원, p.11.
10) 노키아·블랙베리 부진에 국가도 휘청, 매일경제, 2012.4.9.

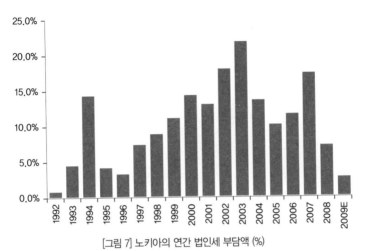

[그림 7] 노키아의 연간 법인세 부담액 (%)

출처 : Jyrki Ali-Yrkkö (Ed.), Nokia and Finland in a Sea of Change, ETLA
(Research Institute of the Finnish Economy), Helsinki 2010, p. 16.

하나의 기업으로 인해 핀란드처럼 국가 이미지를 획기적
으로 변화시킨 나라도 드물다고 할 수 있다.

최근 들어서 모든 국가들이 다 그런 것은 아니지만 미국
을 비롯한 선진국들을 살펴보면 대기업의 실적이 그 나라 경
제에 커다란 영향을 미치면서 국가의 실적이 되는 경향이
강해지고 있고 양극화가 심해지고 있다.

대기업의 영향력이 커지고 대기업의 커다란 실적을 통한

배당금 또한 국가경제에 영향을 미치면서 주주들에게는 배당금을 통해 개인 소득이 높아지고 좀 더 여유롭고 질 높은 삶을 누릴 수 있도록 해 준다는 점이 대기업이 많은 국가의 이점이 아닌가 생각된다.

이와 같이 좋은 점도 있겠지만 반대 급부로 대기업의 실적이 악화되면 나라 경제가 휘청거리는 등 국가경제에 심각한 영향을 끼칠 수 있다는 것을 간과하지 말아야 한다.

노키아가 승승장구할 때는 핀란드도 더할 나위 없이 좋았다. 하지만 기업이 존폐의 위기 상황에 처했을 때에는 국가경제도 함께 어려움에 처할 수밖에 없었다.

노키아는 2007년 이후로 더는 핀란드 경제의 중심에 있지 못하였을 뿐만 아니라 국가경제에 도움이 되지 못하는 미운 오리새끼로 전락하는 신세가 되었다. 경영진은 시대의 흐름을 제대로 읽지 못하였고, 창의력이 풍부하고 모험심과 도전정신으로 똘똘 뭉친 벤처 같은 기업이 아닌 높은 임금과 안락한 생활이 보장된 성공의 틀에 매인 관료화된 기업으로서의 노키아로 변모되어 IT기업으로서의 창의력과 혁신을 발휘하지 못했다.

특히 모바일폰의 대세가 된 스마트폰의 흐름을 앞서가기는 커녕 쫓아가지도 못하는 신세가 되었고, 이에 제대로 대처하지 못하여 결국 마이크로소프트에 매각되는 신세가 되고 말았다. 또한 2012년 삼성에게 휴대폰 시장점유율 1위 자리를 물려준 이후 노키아쇼크(Nokia Shock)로 인해 핀란드의 경제는 계속 마이너스 성장을 보이는 등 장기간 침체기에 있다.

물론 한 기업의 실적이 좋지 않다고 해서 경제가 갑자기 마이너스 성장으로 바뀌는 것은 아니고 다양한 변수가 있겠지만 노키아쇼크도 그 원인 중의 하나라고 할 수 있고 그만큼 핀란드 경제에 커다란 영향을 미쳤으리라 생각된다.

추락하는 것은 날개가 있다고 하는 소설의 제목처럼 노키

〈표 6〉 핀란드 경제성장률과 노키아 브랜드 가치 증감

연도	2011년	2012년	2013년	2014년	2015년
성장률(%)	2.6	-1.4	-1.1	-0.4	-0.1
노키아 브랜드 가치 증감(%)	-16	-16	-35	-44	

자료: 경제구조의 변화에 따른 핀란드 경제의 장기침체와 구조개혁, 대외경제정책연구원, 2016.3.11.

아의 브랜드 가치도 전성기였던 2009년 5위를 마지막으로 지속적으로 추락하여 2014년 98위로 100위 안에 간신히 턱걸이하였다.

〈표 7〉 노키아 브랜드 순위 추이(인터브랜드 글로벌 100대 브랜드 순위 참조)

연도	순위	가치	증감
2000	5	38,528$m	
2001	5	35,035$m	-9%
2002	6	29,970$m	-14%
2003	6	29,440$m	-2%
2004	8	24,041$m	-18%
2005	6	26,452$m	10%
2006	6	30,131$m	14%
2007	5	33,696$m	12%
2008	5	35,942$m	7%
2009	5	34,864$m	-3%
2010	8	29,495$m	-15%
2011	14	25,071$m	-16%
2012	19	21,009$m	-16%
2013	57	7,444$m	-65%
2014	98	4,138$m	-44%

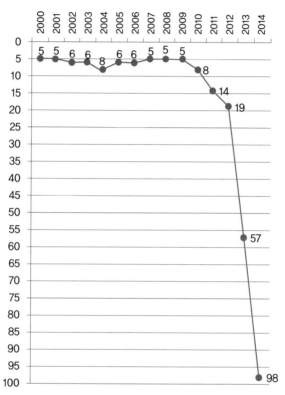

[그림 8] 노키아 브랜드 순위 추이

　10년 넘게 혁신과 변화의 상징 같은 아이콘이었던 노키아는 2015년과 2016년에는 100위권 밖으로 밀려났고 회복하기 어려운 수준에 도달했다.

브랜드 컨설팅 및 시장조사 전문기관인 밀워드 브라운 (Millward Brown Media Research)이 매년 발표하는 브랜드 가치 평가 리포트 BrandZ에서 노키아의 브랜드 가치는 2008년 9위를 최고 순위로 정점을 찍고 계속해서 추락하여 2010년 43위, 2011년에는 81위로 밀려나더니 2012년에는 100위권 안에도 들지 못하는 브랜드가 되어 인터브랜드가 평가한 가치보다 더 빨리 추락했고 몰락한 브랜드의 대명사가 되었다.[11]

아직도 남아 있는 노키아 충격

앞서 이야기한 것처럼 한때 세계 휴대폰 시장을 호령했던 핀란드 기업 노키아는 모바일 사업에서 손을 뗀 이후에도 통신장비 업체로 나름의 명맥을 유지해 오고 있다.

---

11) 14년간 휴대폰 시장 평정했던 노키아 몰락의 비밀, 조선일보, 2012.5.19.

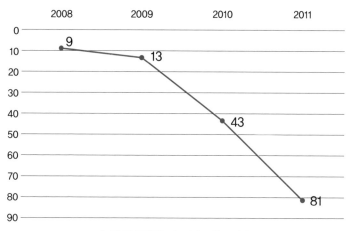

[그림 9] 추락하는 노키아 브랜드 가치

출처: 조선일보, 2012.5.19. (브랜드 조사기관 밀워드 브라운 자료 참조)

한동안 뉴스에서 멀어졌던 노키아는 2016년 4월 6일 주요
외신들을 통해 뉴스의 한 귀퉁이에 다시 등장했다.

노키아는 아직 핀란드에서 6,850명의 직원을 고용하고 있
으며, 세계적으로는 직원 수가 104,000명이나 된다. 그런데
프랑스의 경쟁기업 Alcatel-Lucent SA를 인수하면서 10억 달
러에 달하는 비용을 절감하기 위하여 대대적인 감원을 추진
하겠다는 계획을 발표하였다.

핀란드에서만 1,300명을 해고하고 독일에서도 1,400명 정도를 줄이겠다고 하였다. 핀란드 해고 인력은 본사가 위치한 Espoo에서 절반 정도 나올 것이며 나머지는 Oulu와 Tampere에서 부담할 것이라고 한다.

하지만 프랑스에서는 알카텔-루슨트(Alcatel-Lucent) 인수 당시 프랑스 정부와 협상한 전체 고용 유지 조건 때문에 전체 4,200명의 규모는 지키는 수준으로 400명을 해고하고 R&D 인력으로 500명을 2018년까지 충원하기로 하였다.

핀란드의 노키아 직원들은 본사 프리미엄을 누리지 못하고 오히려 프랑스 일자리를 보장해 주는 것에 대해 핀란드 정부와 노키아를 비난하고 있다고 한다.

노키아가 성장할 때에는 노키아가 핀란드 경제에서 차지하는 비중은 엄청났다. 2000년 핀란드 GDP 성장의 약 50%를 노키아가 담당할 정도였다. 또한 2003년 법인세 수입의 1/4 정도를 노키아가 낸 것이었다.

수출입 실적에서도 노키아는 2010년 핀란드 제조업 생산의 80%를 담당하였고, 수출의 15%, R&D의 1/3, 세수 20%,

고용 10%를 차지하였다.

노키아가 위축되고 있던 2011년에도 노키아 매출은 핀란
드 GDP에서 20%를 차지하고 있었다. 자국 경제에 비해 규

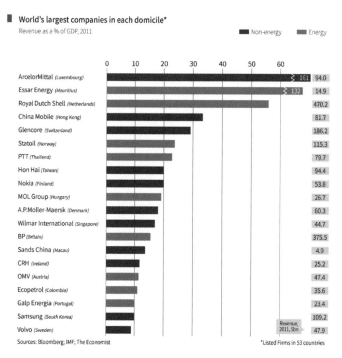

[그림 10] 주요 대기업의 자국경제 위상 (2011년)

출처: Bloomberg, IMF, The Economist

〈표 8〉 주요 대기업의 자국경제 위상(2011년)

Whale-hunting		
Largest companies * in each domicile * Revenue as % of GDP		
Company	Country of domicile	Revenue as % of GDP, 2011
ArcelorMittal	Luxembourg	161
Essar Energy	Mauritius	132
Royal Dutch Shell	Netherlands	56
China Mobile	Hong Kong	34
Glencore	Switzerland	29
Statoil	Norway	24
PTT	Thailand	23
Hon Hai	Taiwan	20
Nokia	Finland	20
MOL Group	Hungary	19
Sources: Bloomberg, IMF, The Economist	*Listed firms in 53 countries	

출처: Bloomberg, IMF, The Economist

모가 큰 대기업들이 주로 로얄더치쉘(Royal Dutch Shell), 차이나 모바일(China Mobile), 글렌코어(Glencore)처럼 에너지, 통신, 원자재 기업인 점을 감안한다면 제조업체로 국제 경쟁을 통해 성장한 노키아의 위상은 실로 위대했다고 할 수 있다.

이처럼 핀란드의 경제는 공교롭게도 노키아의 몰락과 함께 빠르게 침체하고 있다. 핀란드의 Aalto대학 Matti 경제학 교수

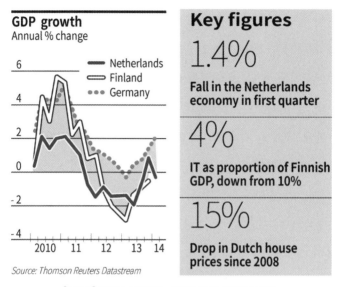

GDP growth
Annual % change

━━ Netherlands
▭ Finland
•••• Germany

6
4
2
0
-2
-4

2010 11 12 13 14

Source: Thomson Reuters Datastream

Key figures

1.4%

Fall in the Netherlands economy in first quarter

4%

IT as proportion of Finnish GDP, down from 10%

15%

Drop in Dutch house prices since 2008

[그림 11] 핀란드, 네덜란드, 독일의 GDP 성장률 추이와
핀란드 경제에서 IT 비중의 감소
출처: Thomson Reuters Datastream

에 따르면, 예전에는 IT가 GDP의 10%를 차지하고 있었는데
노키아 몰락 이후 현재는 4%에 불과하다고 이야기하고 있다.

2014년 마이크로소프트의 대량 감원으로 핀란드에서
1,100명 정도가 해고되어 핀란드 총리까지 불만을 표명하기
도 하였다. 특히 Oulu의 R&D센터 500명이 근무하고 있었

는데 합병으로 인하여 유럽 R&D센터로 확장되는 것 아니냐는 기대감을 가지고 있었지만 감원으로 인하여 전체 부서가 없어지면서 20만 명 인구의 Oulu시는 재정적으로 수천만 유로의 세수 감소를 감당해야 했다고 한다.

한때 세계를 제패했던 IT의 최첨단 브랜드로 핀란드의 경제의 중심에 있던 노키아를 통해 브랜드가 국가경제에 얼마나 커다란 영향을 미치는지 다시 한 번 확인할 수 있었다.

국가 브랜드노믹스가 중요한 것은 경제를 바라보는 관점이 바뀌어야 한다는 것이다. 국가경제의 관점에서 브랜드는 국가와 기업의 인적·물적 자산을 넘어 국가경제의 중추적 역할을 하는 매우 중요한 국가 자산이라는 것을 인식하고 경제정책을 펼쳐야 할 것이다.

기업의 측면에서는 브랜드가 단순한 기업의 내부 고객, 주주, 소비자만의 브랜드가 아니라 국가경제, 더 나아가 세계경제의 한 부분이라는 책임감과 사명감을 가지고 더 체계적인 브랜드 경영을 해야 할 필요가 있다.

제4장
지역 브랜드노믹스
(Regional Brandnomics®)

1. 지역 브랜드노믹스란

　지역 브랜드노믹스(Regional Brandnomics®)는 브랜드가 지역 경제에 미치는 영향이다. 횡성, 제주, 보령처럼 지역명 자체가 브랜드화되어 경쟁력을 가지고 있거나, 횡성한우, 굿뜨래처럼 지역을 대표하는 공동 브랜드가 지역경제를 활성화시키는 데 기여한다. 또한 허쉬(HERSHEY'S)처럼 기업의 브랜드가 지역을 대표하는 브랜드로 성장해 지역경제에 지대한 영향을 미치고 있는 경우도 있다. 지방자치단체의 경우 재정자립도를 높이기 위해서는 세수를 늘리는 것이 중요한데, 그 역할을 브랜드가 하고 있다. 오렌지의 대명사 공동 브랜드 선키스트(Sunkist)는 제품 판매 외 브랜드 라이센싱 로열티로만 한 해에 1조 3,000억 원을 벌고 있으며, 뉴욕은 I Love New York 캠페인을 통해 한 해에만 2,800만 달러의 수익을 달성하고 있다.

굿뜨래 매출(2012년 기준, 내수·수출 포함 4,462억 원),

2015년 부여군 총 세입(6,386억 원)의 70%

횡성한우 브랜드 가치(2013년 기준 1,314억원),

2015년 횡성군 총 세입(4,610억원)의 28.5%

　대한민국의 전면적인 지방자치는 문민정부 출범 후 실시된 1995년 6월 27일 4대 지방선거에 의하여 비로소 시작되었다. 하지만 남북 분단의 특수한 상황으로 인하여 권력 분산은 완전하게 지방으로 이전되지 않고 행정권에 한정된 지방자치가 실시되고 있다.

　지방자치가 실시되면서 나타난 큰 특징은 지방자치를 유지하기 위한 지리적, 인구적, 재정적 요건 중 재정적 요건을 어떻게 스스로 충당할 수 있느냐가 가장 중요한 핵심 과제가 되었다. 우리나라 지자체 평균 재정자립도가 50.6%(2015년, 안전행정부)임을 볼 때 재정의 중요성은 이루 말할 수 없다.

　2015년 출간된 마스다 히로야가 쓴 『지방소멸』의 분석 방법을 참고해 분석한 결과 2016년 11월 데이터 기준 전국 지

자체 읍·면 단위의 39.7%인 84개가량이 '소멸 위험 지역'인 것으로 나타났다.[1]

마스다의 분석은 65세 이상 노인 인구와 20~39세 여성 인구를 비교해 젊은 여성 인구가 노인 인구의 절반에 미달할 경우 소멸 위험 지역으로 분류한 것이다. 하지만 이처럼 젊은 여성 인구는 물론 전반적인 인구 감소 현상의 근본은 살아가는 데 있어 다양한 복지, 일자리, 교육 여건 등이 좋지 않기 때문이다. 그러므로 다양한 복지, 일자리, 교육 여건 등 살기 좋은 지자체를 만들고 인구도 증가시키기 위해서는 지역경제를 활성화시키고 재정을 탄탄하게 해야 한다.

브랜드가 경제에 미치는 영향력은 앞의 사례에서 본 세계경제, 국가경제 못지 않게 한 국가를 구성하는 지역경제에도 매우 중요하다. 특히 지방자치행정이 시행되면서 스스로 지역의 경제 살림을 이끌어 가야 하는 부담을 안고 있는 지방정부로서는 안정적인 재정 확보, 지역 소득 증대, 주민복지

---

[1] 이상호, 한국지역고용동향 심층분석: 한국의 지방소멸에 관한 7가지 분석, 한국고용연구원, 2015.

증진, 인구수 유지를 위해 수익을 창출할 수 있는 다양한 포트폴리오가 필요한 것이 현실이다.

이러한 지방정부의 고민 해결에 많은 도움을 줄 수 있는 것 중 하나가 바로 브랜드다. 특히 일반 기업들에 비해 경쟁력이 약한 지방의 농업이나 수산업, 지방 소도시의 중소기업들은 브랜딩, 마케팅력이 대기업이나 도시에 있는 기업들에 비해 현저하게 떨어지는 것이 사실이다. 이러한 부족한 부분을 보완해 경쟁력을 만들 수 있는 것이 바로 공동 브랜드와 지역 자체의 브랜드화다.

공동 브랜드(Joint Brand or Collective Brand, Collaborative Brand)란 개별 기업이 자기 상표 개발 시 소요되는 막대한 초기 투입 비용을 경감하고 실패 위험을 최소화하기 위하여 다수의 중소기업이 참여하여 공동으로 상표를 개발·공유하고, 품질·디자인 등의 공동관리를 통해 상표 이미지를 부각시키기 위한 상표이다. 동업종, 유사 업종, 또는 이업종 등 다수의 기업이나 단체가 공동으로 상표를 개발하거나 기존 상표를 공동으로 사용하여 공조 체제를 구축함으로써 마케팅 및 기술

개발에 소요되는 고정 비용을 분담을 통해 줄이고 대·내외적인 기업 이미지 제고와 함께 독자적인 시장 개척을 위한 적극적 마케팅을 통해 경쟁력을 갖는 것을 의미한다.

지방의 소도시와 농촌 지역은 브랜드나 마케팅 경쟁력이 부족하기 때문에 공동 브랜드를 통해 여러 단체나 기업들이 함께 힘을 모아 시장 경쟁력을 갖추어 시너지 효과를 낸다면 좋은 성과를 이룰 수 있다. 우리나라에서도 이러한 공동 브랜드를 통해 성장과 발전을 이룬 사례가 있다. 대표적인 공동 브랜드로 부여군의 굿뜨래(농산품), 경기와 충북 연합의 햇사레(복숭아), 횡성군의 횡성한우(축산품), 안성시의 안성맞춤(농산품) 등이 있으며, 해외 사례는 미국 캘리포니아 지역의 선키스트(오렌지), 뉴질랜드의 제스프리(키위) 등이 있다.

성공한 공동 브랜드는 지역을 넘어 세계로 진출하고 있으며, 공통적인 특징으로는 철저한 품질관리를 통해 소비자가 언제 어디서든 질 좋은 제품을 구매할 수 있다는 것이다. 또한 자신만의 고유한 브랜드 아이덴티티를 구축해 소비자의 인식 속에 여타 브랜드와 확실하게 차별화를 시켰다는 것이다.

공동 브랜드는 농산물이나 제품의 브랜드이면서 동시에 지역을 대표한다는 점도 간과할 수 없는 부분이다. 그러므로 성공한 공동 브랜드는 제품 브랜드와 함께 지역의 가치도 높이는 역할을 하여 해당 지역의 관광, 축제, 문화 등 다양한 분야까지 시너지 효과를 얻을 수 있게 한다. 또한 공동 브랜드의 시너지 효과를 통하여 창출되는 수익은 고용 창출, 세수 증가, 광고 홍보효과, 신뢰도 증가, 인지도 증가, 이미지 제고 등으로 나타나 지역경제에 직·간접적으로 영향을 미치는 중요한 역할을 하고 있다.

2014년 3월 기준으로 농식품부가 파악하고 있는 농산물 브랜드는 개별 브랜드가 4,554개이고 공동 브랜드도 735개나 된다.

국내의 735개의 공동 브랜드 중 농산물뿐만 아니라 지역경제에 막대한 영향을 미친 대표적인 공동 브랜드가 있다. 하나는 부여군을 지자체 중 최고의 농가 소득을 올릴 수 있도록 영향을 미친 농산물 공동 브랜드 굿뜨래이며, 또 하나는 대한민국 한우의 대명사를 넘어 해외로 수출을 확장하고 있는 대한민국 최고의 한우 브랜드 횡성한우다.

2. 농산물 공동 브랜드 굿뜨래가 부여군 경제에 미친 영향

부여는 백제 제26대 성왕이 국가 중흥의 원대한 뜻을 품고 산수가 수려하며 생활 여건이 풍요로운 사비(부여)로 도읍을 옮긴 후 123년간 국력 신장과 활발한 외교 활동을 펼쳐 고대문화를 꽃피웠고 충효, 개척 정신을 뿌리내린 역사문화의 고장이다.(부여길라잡이)

이렇듯 찬란한 민족문화를 꽃피운 백제의 정신을 이어받은 부여는 옛 백제의 마지막 수도로서 충청남도 서남부에 위치한 곳으로 면적은 624.57㎢로 충청남도(8,598.48㎢)의 7.3%에 해당, 인구는 71,143명 정도(2015년 현재)이고, 행정구역으로는 1개 읍, 15개 면, 433개 행정리가 있는 군이다.(한국민족문화대백과, 한국학중앙연구원)

특히 부여의 중심을 흐르는 백마강과 천혜의 자연환경으로 농산물의 품질이 좋은데 그중에서도 '부여 8미'라 해서 양송이버섯, 방울토마토, 수박, 밤, 멜론, 표고버섯, 오이, 딸기는 부여가 자랑하는 가장 품질 좋은 농산물이다. 특히 양송이버섯과 방울토마토, 표고버섯, 수박, 밤은 전국 1, 2위를 차지할 정도로 수확량도 많고 품질도 가장 우수하고 널리 알려졌다.

이렇게 부여군의 우수한 농산물을 전국적으로 알리는 데 가장 큰 역할을 한 일등 공신은 바로 부여군의 농산물 공동 브랜드 '굿뜨래'다.

굿뜨래는 백마강 하류 평야지대의 비옥한 토양과 풍부한 일조량으로 연평균 12.9도의 따뜻한 기후와 천혜의 자연환

〈표 1〉 부여군 주요 농산물 생산 및 소득 현황 구분 면적

구 분	면적 (ha)	단수 (kg/10a)	생산량 (M/T)	생산액 (백만 원)	소득액 (백만 원)	전국 대비(%)	비고
계	10,046.3		160,924	315,625	157,533		
수박	2,140	3,200	93,960	108,720	60,913	8.0	전국 2위
방울 토마토	300	8,300	22,803	54,300	23,844	13	전국 1위
오이	103	6,700	10,351	12,137	7,108	3.1	
딸기	220	3,100	6,558	32,714	20,279	3.0	
멜론	200	2,400	4,800	9,676	5,100	13	충남 1위
양송이	55.3	3,600	5,972	23,888	9,555	45	전국 1위
밤	6,918	3,000	12,845	42,388	21,194	22.6	전국 1위
표고버섯	110	8,000	3,630	31,802	9,540	17.9	전국 1위

출처: 농업·농촌 및 식품산업 발전계획(2014~2018년), 부여군청 내부 자료.

경에서 자란 부여군의 품질 좋은 우수한 농산물에 대한 이미지를 한마디로 설명해 주고 있다.

굿뜨래는 2003년에 부여군의 우수한 농산물을 전국에 알

리고, 고품질 생산시스템을 구축하고 유통구조 및 국제화 등 변화에 대응하는 새로운 이미지 확립의 필요성과 농가의 소득 증대, 안정적인 판로 확보, 부여군의 위상 제고를 위해 개발된 농산물 공동 브랜드다. 한마디로 부여군 농산물을 대표하는 얼굴이자 상징이라 할 수 있다.

굿뜨래는 백마강 주변의 '구드래' 나루터에서 유래되었다. 구드래의 어원에 대해서는 여러 가지 설이 있지만 삼국유사 의 구들설에 의하면 옛날 백제왕이 강 건너에 있었다는 왕 흥사에 가기 전 잠시 머물며 예불을 드리던 바위가 있었는 데, 왕이 도착하면 바위가 구들처럼 스스로 따뜻해져 '구들', '구드래'가 되었다는 것이다.[2]

구드래 나루터는 백제 시대에 외국 사신들이 부소산성을 드나들었던 유서 깊은 포구로서 낮은 산들과 어우러져 빼어 난 경관을 이루는 곳으로 백제의 정취를 느낄 수 있을 뿐만 아니라 백제의 역사를 간직해 온 전통의 도시 부여의 정체성

---

2) 문화콘텐츠닷컴 (문화원형백과 나루와 주막), 2007., 한국콘텐츠진흥원.

이 고스란히 남아 있는 곳이다.

굿뜨래는 부여의 역사와 정체성을 가장 잘 나타내 주고, 부여 군민을 하나되게 만들 수 있는 구드래를 좀 더 현대적으로 재해석하여 공동 브랜드로 탄생되었다.

굿뜨래의 의미는 부여의 기름진 땅과 천혜의 깨끗한 자연환경인 좋은 뜰과 이곳에서 생산된 최고의 제품을 표현하고 세계의 모든 사람들이 쉽게 알 수 있는 영어의 좋다는 의미인 Good(굿)과 자연을 상징하는 나무의 뜻인 TRee의 합성어로 좋은 자연을 상징한다. 한마디로 좋은 자연에서 생산된 좋은 농산물을 의미한다.(굿뜨래 홈페이지 참조)

굿뜨래는 부여군과 좋은 농산물을 대표하는 역할을 함은 물론 소비자에게 신뢰와 긍정적인 이미지를 줌으로써 농산물 브랜드 가치를 높이는 역할을 하였다.

부여군은 브랜드 인지도와 브랜드 가치를 높이기 위해 공동 브랜드 성공 사례에 대한 벤치마킹은 물론 굿뜨래만의 차별화를 추구하여 성공 브랜드가 되었다.

오렌지의 대명사인 선키스트와 키위의 대명사 제스프리의

성공 포인트는 철저한 품질관리에 있다는 것을 확인하고, 부여군도 선키스트와 제스프리 못지 않은 다양한 방법으로 품질관리를 위해 엄청난 예산과 노력을 쏟아부었다.

부여군의 품질관리는 매우 엄격하다. 굿뜨래 사용승인제도를 통해 2년마다 승인에 합격해야만 굿뜨래 브랜드를 사용할 수 있다.

상표사용 심사는 1차와 2차의 예비심사와 본심사로 나뉘어진다. 1차 예비심사는 지정 공무원이 심사를 실시하고 2차 예비심사는 외부 전문기관의 용역을 통해 이루어진다. 1차와 2차를 통과해야만 본심사에서 상표심사위원회의 최종 승인 여부로 결정하는 시스템으로 굿뜨래의 품질관리 및 명성 유지, 브랜드의 가치를 위해 사용승인 심사를 매우 엄격히 강화하고 있고, 이를 통해 농산물의 품질을 철저하게 관리하고 있다.(굿뜨래 홈페이지 참조)

품질만 관리하는 것이 아니라 생산자 및 품질관리자의 교육에도 힘쓰고 있는데, 공동상표 사용 생산자의 정기교육 연 2회, 굿뜨래 상품품질관리원을 지정 운영하고 품질관리

원의 정기교육도 연 4회를 실시하는 등 품질을 직접적으로 관여하는 생산자와 관리자에게 브랜드의 엄격한 관리를 위해 교육을 실행하고 있다.[3]

부여군에서도 공동상표 사용 생산자의 지원을 아끼지 않는데, 브랜드 포장 재개발 및 제작, ISO인증, FDA 검사, 잔류 농약 검사, 품질관리 장비, 친환경 농자재 등 통합 브랜드를 위한 지원을 지속적으로 하고 있다.

이렇게 철저하게 품질관리를 하는데도 상품의 하자가 발생하게 되면 이에 대한 상품 책임을 위해 삼진아웃제를 도입하였다. 일정 기간 내에 품질이 향상되지 않을 경우 심의위원회의 선정 취소 등 제도적 장치를 마련하여 품질의 공신력 확보와 대외 신뢰도를 높이는 데 기여하고 있다.

이와 같은 부여군의 노력으로 인해 첫해에는 관심을 보이지 않았던 단체와 농가들도 굿뜨래 브랜드의 가치를 알고 많은 농가들이 참여하게 되었다. 굿뜨래 브랜드의 가치가 농가

---

3) 김정기, 굿뜨래 품질관리 군수가 앞장선다, 인터넷 환경일보, 2008.5.30.

에 미치는 영향은 크다고 할 수 있다. 가장 큰 차이점은 농가 수익이다. 지역 농민들이 가장 민감하게 생각하는 것이 농산물 가격이다. 굿뜨래 브랜드를 농산물에 부착해 판매하는 것과 부착하지 않고 판매하는 차이에 대하여 더욱 민감하게 받아들였을 것이다. 현재 부여에서 생산되어 판매되는 농산물 중 굿뜨래 브랜드를 부착한 제품이 브랜드를 부착하지 않은 제품보다 10% 이상 더 높은 가격을 받고 있다.

굿뜨래는 2003년 말에 개발되었고, 2004년부터 브랜드를 농산물에 부착하여 판매하기 시작했다. 그 결과 2005년 한 해 굿뜨래 수박의 경우 52억 8,400만 원의 판매 실적을 올렸다. 이는 2004년과 비교하면 3배가 늘어난 것이다. 멜론도 2004년 7억 3,700만 원에서 2006년에 31억 1,600만 원의 수익을 올렸다.[4] 판매수익이 2년 만에 4배 이상 늘어났고 판매 수익은 브랜드 가치 창출로 이어졌다. 2013년 기준으로 수박은 1,087억 원, 멜론은 96억 원 정도의 매출을 올리고

---

4) 엄격한 품질관리로 고급화... 올해 수출목표 200억 원, 원주투데이, 2007.10.8.

있다.

굿뜨래 브랜드는 기존 출하 방식과 비교해 전체 농산물 평균 10~15% 정도 판매량을 높이는 데 일조했다.

이러한 굿뜨래 브랜드의 매출 수익은 농가의 소득으로 이어졌다. 2010년 한국농촌경제연구원(KREI)이 발표한 '시·군별 농업경쟁력 평가' 자료를 토대로 분석한 결과, 호당 농업 생산액이 8,035만 원을 기록한 부여군이 전국에서 평균 농가 소득이 가장 많은 기초 지자체로 선정되었다.

농업생산액은 2005년 3,922만 원에서 2010년 8,035만 원으로 5년만에 거의 2배 이상으로 농가 소득을 크게 높였다. 또한 이 자료에 따르면 230여 개 시·군별 농업생산액 평균 3,819만 원보다 월등히 높았고, 이 지표에는 축산업이 포함되어 있는데 부여군은 축산보다는 토마토, 버섯 등 각종 특용작물 재배 비중이 높다는 점을 감안한다면 더 우수하다고 생각할 수밖에 없다.[5]

---

5) 농업경쟁력 평가지표 개발연구, 한국농촌경제연구원, 2013. 5.

〈표 2〉 시·군별 농업생산액 추계 결과(상위 30위)　　　　　(단위: 억 원, 만 원)

순위	2010년				2005년			
	시·군	농업총생산액	호당농업생산액	중위농업생산액	시·군	농업총생산액	호당농업생산액	중위농업생산액
	총 계	413,560	3,819	906	총 계	364,635	3,051	1,087
1	제주시	10,679	5,147	2,142	제주시	8,751	4,524	2,087
2	서귀포시	9,423	5,518	3,311	서귀포시	7,784	4,617	3,205
3	부여군	8,747	8,035	1,104	나주시	6,955	4,721	1,339
4	해남군	7,129	6,031	2,451	해남군	6,333	4,249	2,301
5	홍성군	6,988	6,311	994	고창군	5,958	5,015	1,537
6	정읍시	6,871	6,269	1,141	화성시	5,711	4,060	1,189
7	나주시	6,752	5,727	1,153	김제시	5,468	4,154	1,511
8	천안시	6,254	5,050	672	천안시	5,277	4,197	898
9	영양군	6,227	7,094	1,637	논산시	5,237	3,992	1,257
10	김제시	6,097	5,161	1,253	당진군	5,228	3,583	1,502
11	경주시	5,784	3,331	687	정읍시	5,008	3,852	1,253
12	당진군	5,516	4,090	1,190	이천시	4,940	5,081	1,197
13	안성시	5,512	5,525	869	홍성군	4,781	4,304	1,306
14	예산군	5,495	4,943	1,150	부여군	4,734	3,922	1,443
15	화성시	5,489	4,366	857	영양군	4,666	4,739	1,584
16	이천시	5,469	6,091	874	통영시	4,633	3,020	919
17	상주시	5,353	3,369	1,478	경주시	4,477	2,449	898
18	청원군	5,214	4,414	770	안동시	4,440	2,718	1,120

19	익산시	5,157	4,373	957	상주시	4,438	2,467	1,307
20	고창군	5,091	4,863	1,119	익산시	4,431	3,221	1,137
21	안동시	5,085	3,325	1,068	예산군	4,300	3,546	1,361
22	공주시	5,067	4,193	750	서산시	4,274	3,151	1,435
23	여주군	4,768	5,889	831	무안군	4,208	4,076	1,580
24	김천시	4,737	3,143	988	여주군	4,143	4,716	1,197
25	무안군	4,706	5,374	1,678	영주시	4,137	4,165	1,438
26	논산시	4,701	3,949	956	안성시	4,108	3,878	1,086
27	청양군	4,483	6,975	1,040	평택시	4,039	3,315	1,052
28	서산시	4,210	3,169	1,106	청원군	3,945	3,192	952
29	의성군	4,131	3,308	1,481	공주시	3,870	3,059	1,008
30	아산시	4,106	3,925	855	아산시	3,846	3,339	1,082

출처: 농업경쟁력 평가지표 개발연구 한국농촌경제연구원.

현재 굿뜨래는 국내는 물론 해외시장에서도 명성을 떨치고 있다. 소비자에게 고품질과 안정성은 물론 부여군 농산물의 신뢰를 각인시킨 1등 공신이다. 2004년부터 해외박람회 참가 등 지속적인 해외 마케팅 덕분에 해외 수출도 늘고 있고, 수출 국가 또한 일본, 중국, 대만 등 동남아시아 및 미국, 유럽 등으로 꾸준히 확대되면서 수출량도 증가되어 단순히 지역경제를 뛰어넘어 세계적인 브랜드로 성장하는 발판을

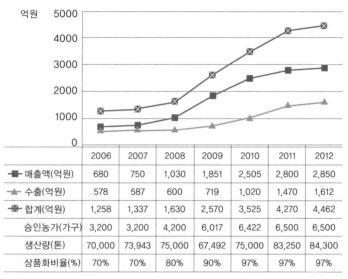

억원	2006	2007	2008	2009	2010	2011	2012
■ 매출액(억원)	680	750	1,030	1,851	2,505	2,800	2,850
▲ 수출(억원)	578	587	600	719	1,020	1,470	1,612
✖ 합계(억원)	1,258	1,337	1,630	2,570	3,525	4,270	4,462
승인농가(가구)	3,200	3,200	4,200	6,017	6,422	6,500	6,500
생산량(톤)	70,000	73,943	75,000	67,492	75,000	83,250	84,300
상품화비율(%)	70%	70%	80%	90%	97%	97%	97%

[그림 1] 굿뜨래 브랜드 사용 실적

출처: 부여군 굿뜨래 브랜드 글로벌 경영실현 자료 편집.

마련하였다.

특히 농산물의 경우 우리나라는 다른 여러 국가들과 맺은 자유무역협정(FTA)으로 인해 농산물이 직격탄을 맞았음에도 불구하고, 해외 수출 활로를 개척하여 FTA로 인한 어려움을 극복해 나가고 있어 다른 지자체들도 참고할 사례이다. 그리고 농촌이 처한 어려운 현실을 브랜드로 극복할 수 있다는 꿈과 희망을 보여 준 것이 굿뜨래이다.

잘 키운 하나의 브랜드는 지역경제를 뛰어넘어 해외 수출까지도 가능하다는 점에서 브랜드의 역할은 그 어느 때보다 중요하다. 지자체들이 지역경제를 활성화하고자 한다면 어떻게 하면 공동 브랜드를 활성화시킬 수 있는가에 대하여 깊이 고민해 볼 가치가 충분하다.

이제 부여의 굿뜨래는 농산물 브랜드를 넘어서 지역의 대표 브랜드로서 위치를 확고히 하고 있다. 출발은 농산물 브랜드였지만 지금은 농산물 외에 부여군에서 가치가 있는 제품이나 서비스에 모두 굿뜨래를 확장하여 사용하고 있다.

농산물을 뛰어넘어 부여는 굿뜨래라는 공식(부여=굿뜨래)이 성립될 수 있도록 1차 산업 외에 2, 3, 6차 산업에도 적용해 부여 시내 식당이나 서비스 업종에서 어렵지 않게 굿뜨래를 만날 수 있다. 단, 브랜드 사용 조건은 최고의 품질과 최상의 서비스를 제공해야 한다는 점만 만족시킨다면 사용 가능하다. 덕분에 부여를 방문하는 관광객들은 쉽게 굿뜨래 브랜드를 접하고 경험을 할 수 있어 인지도를 높이

는 데 좋은 역할을 하고 있다. 또한 굿뜨래를 사용하는 부여 군민도 지역 및 브랜드에 자부심을 가지고 더 나은 품질

의 상품과 서비스를 제공하기 위해 노력하며, 스스로 브랜드를 홍보하는 전도사가 되어 방문객들에게 브랜드에 대한 좋은 이미지를 갖게 한다.[6]

브랜드의 성공 여부는 소비자의 인식 속에 어떤 브랜드로 자리잡게 하는가이다. 선키스트는 오렌지, 제스프리는 키위처럼 소비자의 인식 속에 가장 강력하게 자리잡아 카테고리의 대명사가 되는 것이 가장 좋은 브랜드 전략이다. 하지만 굿뜨래는 지금까지 기준 품질 이상의 제품이나 서비스에 브랜드를 사용할 수 있는 전략을 구사했다. 선키스트는 오렌지, 제스프리는 키위처럼 단일 제품을 대표하는 브랜드로 포지셔닝하기에는 너무 많은 확장을 하였다.

결국 굿뜨래가 지금보다 더욱더 강력한 브랜드가 되어 공동 브랜드 참여 농가에게 더 많은 수익을 주고 소비자에게 사랑받는 글로벌 브랜드로 성장하기 위해서는 세 가지에 집중해야 한다.

---

6) 지역공동 브랜드의 성공해법을 찾아(4) 제2의 도약 준비하는 부여군 굿뜨래(하), 뉴스 서천, 2011.9.5.

첫 번째는 품질 이미지 구축에 투자를 하여야 한다. 즉, 굿
뜨래는 부여라는 공식을 넘어 최상의 품질, 믿을 수 있는 품
질, 정직한 품질이라는 이미지를 소비자의 마음속에 자리잡
게 해야 한다.

두 번째는 1차 농산물 브랜드에서 벗어나 지역 특산물을
가공식품으로 확장하여 더 높은 부가가치를 창출하는 데 투
자를 하여야 한다.

세 번째는 적극적인 커뮤니케이션을 해야 한다. 굿뜨래는
이미 브랜드 네임에서 좋다는 뜻의 영어 Good을 통해 브랜
드를 처음 접하는 소비자에게도 긍정적이고 바람직한 이미
지를 연상시킬 수 있는 좋은 조건을 가지고 있다. 이러한 좋
은 조건에 충분한 커뮤니케이션만 이루어진다면 상승 효과
는 여타 브랜드보다 매우 높게 나타날 것이다.

특히, 식당 등에서 사용되는 브랜드 굿뜨래에 대한 디자인
과 소재의 규정을 정립하여 어디서나 똑같은 형태를 사용하
게 하고, 지금까지 플랜카드, 유리의 시트지, 배너 등 외부에
사용되는 브랜드를 메뉴판 같은 내부에서도 사용할 수 있게

하여 자연스럽게 커뮤니케이션을 하면 더 높은 상승 효과를
창출할 수 있을 것이다.

아무리 좋은 제품이라도 소비자가 모르는 브랜드는 매장
에서 소비자에게 선택될 확률은 매우 낮고, 친숙한 브랜드가
선택받을 가능성은 매우 높기 때문이다.

3. 대한민국 한우의 대명사 횡성한우가 횡성군 경제에 미친 영향

2015년 행정자치부 발표에 따르면 2104년 전국 지자체에서
열린 축제와 행사는 1만 6,828개로 8,291억 원이 집행됐고,

2014년보다 1,582건(10.4%), 966억 원(13.2%) 늘었다. 그리고 매일 전국에서 46개 축제와 행사가 열리고 있다고 한다.

이렇게 많은 축제 중에서 한우라는 단일 주제로 성공적인 축제를 운영하는 곳이 바로 횡성한우 축제이다. 우리나라에서 한우하면 제일 먼저 생각나는 지역이 횡성이고, 횡성하면 바로 떠올리는 것이 한우일 것이다. 이처럼 횡성과 한우는 뗄래야 뗄 수 없는 아주 밀접한 관계를 갖고 있다.

횡성한우는 우리나라의 한우 중에서 가장 유명하다. 유명한만큼 맛과 품질이 최상이며 가격도 다른 한우에 비해서 고가이다.

이와 같이 지역을 대표하는 산지 제품이 너무나 유명해져서 하나의 브랜드화되어 가는 농축산품이 상당히 많다. 예를 들어, 이천 하면 생각나는 것이 이천쌀, 안동의 안동소주, 보성의 보성녹차 등 특정 지역에서 생산되어 맛과 품질이 뛰어나 널리 유명해져서 하나의 브랜드로 만들어진 사례라 할 수 있다.

상표법에서는 잘 알려진 지역 명칭을 상표명으로 사용할

수 없는 규정이 있으나 예외적으로 특정 지역에서 생산되는 제품을 보호하기 위해 지리적 표시제도를 사용한다.

지리적 표시제도는 보성 녹차, 보르도(Bordeaux) 포도주 등과 같이 특정 지역의 우수 농산물과 그 가공품에 지역명 표시를 할 수 있도록 해 생산자와 소비자를 보호하는 제도인데, 지리적 표시는 상품의 품질이나 명성이 지리적 특성에 근거를 두고 있는 상품임을 알리는 것으로 세계무역기구(WTO) 협정에 규정돼 있다. 국내에서는 1999년 법규가 만들어져 지리적 표시 제1호 특산품으로 2002년 1월 '보성녹차'가 등록되었다.

횡성한우 또한 다른 지리적 표시 명칭 브랜드와 마찬가지로 지역을 대표하는 브랜드로서 오늘날 우리나라 국민들에게 많은 사랑을 받고 있다.

횡성이 이처럼 유명하게 된 배경에는 여러 가지 요인이 있겠지만 지리적인 위치, 기후 조건 등이 한우의 질을 높이는데 커다란 역할을 했다고 할 수 있다.

2015년 현재 횡성군은 면적이 997.76km^2(경지 면적 11.3%), 가

구수는 20,577세대에 인구는 45,609명으로 강원도의 행정구역에 있고, 서울과는 2시간 이내의 거리로 교통이 편리하다. 특히 횡성군은 주변이 산으로 둘러싸여 있으며 아름다운 섬강이 흘러 경관이 빼어나고 물과 공기가 맑은 청정지역으로 일반인들에게 휴가나 휴양지로 인기가 높은 지역이다. 또한 인구에 비해 소의 사육 두수가 더 많은 한우의 고장이기도 하다. 전국 9만 1천 호에서 264만 두를 키우고 있는데, 그중 강원도는 7천 호에서 19만 3천 두의 한우를 사육하고 있고, 횡성의 한우는 4만 6천 두로 전국의 1.74%, 강원도의 23.7%를 차지하고 있다.

〈표 3〉 횡성의 성별 사육 두수 (단위: 호, 두)

전 국		강원도		횡성군					
					두 수				
호수	두수	호수	두수	호수	합계	암	수	거세	프리마틴
91,659	2,646,484	7,426	193,954	1,552	46,124	29,002	4,536	12,536	50

자료: 통계청. 2015. 3/4분기 가축통계자료, 쇠고기이력관리시스템, 2015.11.25.

횡성이 한우로 유명하게 된 역사적 배경을 살펴보면 그 역사가 매우 깊다는 것을 알 수 있다.

우리나라에 한우가 처음 유래된 것은 약 5, 6천 년 전 외몽고 남부 지방에서 들여온 것으로 추정되는데, 그 이후 고구려, 백제, 신라, 고려, 조선시대를 거치면서 한우는 농경에 없어서는 안 되는 귀중한 가축으로 보호되고 장려되어 왔다.

횡성은 중부 내륙의 중심으로 약 3천 년 이상의 한우 사육 역사를 갖고 있으며, 규장각 사고(고려사절요, 조선왕조실록), 한우 지명, 한우 설화 등에서 우리나라 한우 사육의 거점으로 묘사되고 있다. 예로부터 횡성의 우시장은 '4대문 밖 최대 규모였다'고 구전되어 전해진다. 그 전통을 이어받았음인지 지금도 횡성은 국내에서 가장 큰 도축장과 도축 관련 시설을 갖추고 있는 것을 보면 그 깊은 역사와 전통을 무시할 수 없는 수준이다.[7]

이러한 역사적 배경과 함께 횡성은 지리적인 요건과 자연

---

7) 횡성군 오일장의 어제와 오늘, 횡성문화원, 2011.9.

적인 환경, 기후 요소 등이 잘 어우러져 한우를 키우는 최적의 장소로 평가되고 있다.

횡성군의 지리적 환경은 태백산맥 줄기 치악산과 백운산의 울창한 산림으로 병풍처럼 둘러싸여 있으며, 고른 표고차(90~580m)로 분포되어 있고 내륙 산간 지역으로 연평균 기온 11도, 연평균 최고기온 32도, 연평균 최저기온 −12도로 기온차가 매우 크고 밤낮의 일교차가 뚜렷하다. 특히 물과 공기가 맑고 깨끗하며 오염되지 않아 한우를 키우는 최적의 청정환경을 자랑하고 있다. 이러한 산간 표고차의 지리 조건과 큰 일교차의 기후 조건으로 인해 한우의 지방 축적률이 높아 육질이 부드럽고 향미가 뛰어난 특성이 있다. 또한 산간 지방이지만 46%에 달하는 논농사를 통해 소의 주식인 볏짚 공급이 용이하고 중부 지방에서 최대의 한우경매시장이 열리는 등 한우를 키울 수 있는 최적의 환경이 잘 조성되어 있다고 할 수 있다.[8]

---

8) 한규호 군수, 잘 키운 소 한 마리 횡성 경제 일군다, 뉴시스, 2014.11.3.

이러한 최적의 환경에서 횡성한우의 사육 두수와 도축량도 꾸준히 늘어 2015년 기준으로 횡성의 인구보다 한우가 더 많을 정도로 늘어나 한우의 원조 고장이라 할 수 있다.

〈표 4〉 횡성의 한우 도축 현황 (단위: 두)

연도별	합계	암	비거세	거세
2005	6,351	1,260	2,053	3,038
2006	6,270	1,035	2,338	2,897
2007	8,145	1,366	1,932	4,847
2008	10,806	3,028	1,034	6,744
2009	11,989	4,405	905	6,679
2010	10,553	3,464	395	6,694
2011	10,697	4,142	276	6,279
2012	13,773	7,293	454	6,026
2013	16,285	8,910	155	7,220
2014	16,094	8,294	198	7,602

자료: 축산물품질평가원.

이러한 지역 조건, 기후 조건과 더불어 군과 조합, 농가 등이 삼위일체가 되어 횡성한우의 최고 품질을 유지하기 위하여 많은 지원과 노력을 기울이고 있다.

횡성군은 1995년부터 최고의 한우를 육성하기 위해 '횡성 한우 명품화 사업'을 시작하여 1995년부터 2014년까지 19년 간 884억 원(연간 46억 원)을 투입하였다. 2008년에는 횡성한우 헌장, 2009년에는 횡성군 횡성한우 보호·육성에 관한 기본조례를 제정하여 횡성한우에 대한 정의, 육성, 생산기반, 유통관리, 지원사업 등에 관한 내용을 정리하여 횡성한우의 기본 관리 원칙을 만들었고, 이를 토대로 2010년부터 5년마다 횡성한우 5개년 중장기발전계획을 수립, 군 주도로 횡성 한우산업을 발전, 육성시키기 위한 다양한 노력을 기울이고 있다.

2010년에 전국 최초로 횡성군에서는 소비자가 믿고 구매 할 수 있도록 횡성한우의 품질을 보증해 주는 '횡성한우 품질인증제'를 시행하여 소비자에게 횡성한우 브랜드에 대한 신뢰를 형성하고 횡성한우 브랜드의 가치와 이미지를 높이는 데 일조하였다.

횡성군	"MOU 체결"	축산물품질평가원
• 사업주관(총괄) • 횡성한우 품질인증 등		• 도축개체 정보 • 혈등 및 KPN 정보 • 등급정보 제공 등

횡성한우 전용 도축장	시스템 개발업체	횡성 한우 육가공장
• 관리시스템 구축 • 생체중, 도체중 정보 • ID밴드 출력 부착 등	• 횡성한우 품질인증 관리시스템 구축 및 유지보수 등	• 품질인증 라벨 부착 부분육 판매(공급), 관리 등

축산농가

앱(app) 등을 통한 도축관련 정보 확인

소비자

개체번호(귀표) 및 QR 코드를 통한
품질 정보 확인

[그림 1] 횡성한우 품질인증제 체계도

자료: 횡성군청 축산과

횡성한우 품질인증제도의 경우, 횡성군과 축산물품질평가
원이 MOU를 체결하여 품질관리를 위한 엄격한 제도 및 시
스템을 도입하여 도축에서부터 소비자 구매에 이르기까지
횡성한우를 엄격하게 유지, 관리한다. 이 시스템은 횡성한
우 전용도축장의 도축 내역과 도축소의 생체중, 도체중에 대
한 정보, ID밴드 출력 부착 등 도축 관련 정보를 축산 농가
들이 앱을 통해 확인할 수 있고, 도축된 소들은 횡성한우 육

〈표 5〉 2014년 횡성군 한우 분야 지원 내용 (단위: 백만 원)

횡성한우 개량 및 유전능력 강화 (정액, 인공수정 등)	730
한우 생산비 절감 (조사료 배합사료 지원 등)	1,808
축사시설의 현대화 (목걸이, 환풍기, CCTV 등)	240
친환경축산업 인증지원 (HACCP 지정)	250
식품사업 육성 (가공공장)	1,750
가축시장 현대화 (경매시장 시설)	800
가축방역 지원 (예방주사, 약품)	1,613
합계	71억 9천만 원

자료: 옴니브랜드 횡성한우 브랜드 가치 연구 용역 최종 보고.

가공장으로 보내져 품질인증 라벨 부착 등을 통해 소비자들이 판매 제품의 개체 번호(귀표) 및 QR코드를 통한 도축 개체 정보, 혈통 정보, 등급 정보 등 품질 정보를 한눈에 확인할 수 있어 언제, 어디서든 횡성한우를 믿고 구매할 수 있도록 시스템화하여 품질인증을 체계화하였다.

품질인증체계 구축과 함께 품질의 균일화를 위해서 최적의 소를 생산하기 위한 다양한 품종 개량과 우수한 혈통의 소가 군 이외의 지역으로 나가지 못하도록 엄격하게 유지·관리하고 있으며, 사료도 통일하여 횡성군에서 생산되는 양질의 사료를 먹여 횡성한우를 차별화하고 고급화하기 위한 다양한 노력을 기울이고 있다.

이러한 노력들을 통해 횡성한우 거세우의 경우 2013년 1등급 출현율은 89.16%로 전국 평균 83.7%에 비해 5.46% 높아 고품질을 유지하였으며, 횡성한우의 '우수축산물 인증 브랜드'로 2005년 이래 지속적으로 인정받고 있어 횡성한우는 고급 한우, 대한민국 최고의 한우라는 브랜드 포지셔닝을 구축하고 있다.

2014년도에 횡성군이 브랜드컨설팅 기관인 옴니브랜드에 의뢰한 '횡성한우 브랜드 가치 연구용역 최종보고' 자료를 보면 좀 더 명확히 알 수 있다.

이 보고자료에 의하면 서울과 인천 수도권 지역에 거주하는 20대 이상 성인 남녀 소비자 조사 결과 조사 대상의 92%가 '횡성한우' 브랜드를 인지하고 있고, '횡성은 곧 횡성한우다'라는 강한 브랜드 이미지에 대해서 조사 대상의 65%가 그렇게 인식하고 있으며, 가장 선호하는 한우 브랜드에 관한 질문에 대한 결과로 횡성한우 62%, 대관령 한우 17%,

농협안심한우가 14% 순으로 '횡성한우' 선호도가 압도적으로 높게 나타났다. 향후 '횡성한우' 브랜드 구입 의향이 71%로 구매 의사 또한 높게 나타났다.

조사 결과에서 보듯 횡성한우에 대한 높은 인지도 뿐 아니라 횡성한우에 대한 선호도 및 구매의사 등도 높게 나타나 한우는 곧 횡성한우라고 생각할 수 있을 정도로 횡성한우 브랜드에 대한 브랜드 이미지는 긍정적이라고 생각할 수 있고, 한우는 횡성한우라는 브랜드 포지셔닝 또한 명확하다고 할 수 있다.

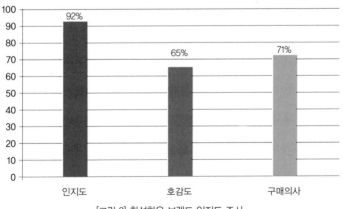

[그림 2] 횡성한우 브랜드 인지도 조사

이러한 조사를 바탕으로 횡성한우의 브랜드 파워 및 브랜드 가치를 평가하였다. 횡성한우의 브랜드 파워는 성장성(growth), 안정성(stability), 잠재성(potentiality), 법률성(legal protection), 인증성(certification) 등 5가지 요인을 선정하여 요인별로 평가 분석한 결과 100점 만점 중 97.2라는 높은 점수가 나왔다. 그만큼 브랜드 파워가 매우 높다는 것을 의미한다.

브랜드 가치평가는 횡성한우 브랜드의 미래 가치를 현재 가치로 환산하는 평가기법으로 평가한 결과 횡성한우 브랜드 순 현재 가치는 131,399,000,000원으로 산출되었는데 (2013년 말 기준) 무형의 자산가치로서 단일 브랜드이자 축산물 브랜드로서는 높은 가치라고 할 수 있다.[9]

횡성한우의 높은 인지도와 브랜드 가치를 통해서 브랜드가 횡성군 지역경제에 미치는 파급효과는 매우 크다. 특히 매년 가을에 열리는 횡성한우축제는 이제 대한민국에서 한우를 좋아하는 소비자들 남녀노소 할 것 없이 전 국민에

---

9) 옴니브랜드, 횡성한우 브랜드 가치 연구 용역 최종보고.

〈표 6〉 횡성한우 브랜드 파워 분석 결과

Factors	Details	가중치	횡성한우 점수	횡성한우 Score/100
성장성 (growth)	매출 이익	20	96	19.2
안정성 (stability)	역사성 시장성	20	98	19.6
잠재성 (potentiality)	브랜드 성장 잠재성	12	98	14.7
활동성 (Activities)	커뮤니케이션 행사 연구활동	12	95	14.3
법률성 (legal Protection)	상표법 조례	10	98	9.8
인증성 (certification)	인증제도 BI제도	20	98	19.6
합계		100%		97.2

자료: 옴니브랜드, 횡성한우 브랜드 가치 연구 용역 최종보고.

게 잘 알려진 국민축제로 자리매김하고 있다. 횡성한우축제
를 통하여 5일의 축제 기간에 발생하는 경제유발 효과는 자
그마치 2015년 기준으로 횡성군 세입의 15.1%에 해당하는
698억 원을 차지하고 있다.

2005년 1회를 시작으로 2015년 11회를 맞은 횡성한우축제

는 명실공히 대한민국 최고의 한우축제로 자리잡았고, 횡성 한우 브랜드의 인지도 및 브랜드 가치를 더욱 높이고 있다.

2015년에 축제를 찾은 인구는 83만 명으로 축제 기간 중 지역경제로 유입된 내지인의 지출액은 약 89억 5백만 원, 외 지인의 지출액은 578억 9천 5백만 원이며, 전체 방문객들의 총지출액은 668억 1백만 원으로 상당한 금액을 사용하여 단기간 지역경제에 커다란 영향을 미쳤다고 할 수 있다.

횡성한우축제는 직접적인 경제 효과뿐만 아니라 지역 이 미지 상승, 브랜드 가치 상승, 지역 및 브랜드 홍보효과, 군민 의 일체감 조성과 자부심 증가 등의 간접적인 경제 효과까 지 따져 본다면 수천억 원의 효과가 발생했을 것이라 생각된 다. 한우 단일 품목을 통해 이런 상당한 매출을 올린다는 것 이 놀라울 따름이다.

횡성한우축제의 경우 방문객 수가 2005년 이후 꾸준히 증 가하다가 2010년부터 2012년까지는 방문객 수가 잠시 주춤 했지만 그 이후부터는 폭발적으로 늘어 횡성한우에 대한 인 지도 및 가치가 높아졌다는 방증이라고 할 수 있다.

〈표 7〉 2015 횡성한우축제 방문객 지출 현황

구분	1인당 지출액(원)		방문객 총지출액(천 원)			
	지역민	방문객	지역민	방문객	전체	전체(%)
교통비	5,478	13,001	635,206	9,283,288	9,918,494	14.8
숙박비	2,205	6,397	255,683	4,567,740	4,823,423	7.2
식음료비	20,407	20,534	2,366,312	14,662,182	17,028,494	25.5
유흥비	16,257	2,349	1,885,095	1,677,290	3,562,385	5.3
쇼핑비	31,667	38,187	3,671,975	27,267,203	30,939,178	46.3
기타	789	613	91,489	437,709	529,198	0.8
전체	76,803	81,081	8,905,760	57,895,411	66,801,171	100.0
교통비 제외	71,325	68,080	8,270,554	48,612,123	56,882,677	

자료: 횡성군청 축산과.

〈표 8〉 횡성한우축제 방문객 수(단위: 천 명)

연도	2005	2006	2007	2008	2009	2010	2011	2012	2013	2014	2015
회차	1	2	3	4	5	6	7	8	9	10	11
방문객 수	200	285	516	625	572	303	317	362	613	800	830

자료: 횡성군청 내부 자료.

횡성군은 횡성한우축제의 경제 효과를 객관적이고 신뢰성 있게 측정하기 위하여 2014년부터 강원발전연구원에 의뢰해 평가하고 발표하고 있다. 발표 자료에 따르면 횡성한우축제로 인하여 유발되는 경제 효과는 2013년 대비 2014년 40.5%, 2014년 대비 2015년은 7.8%, 2015년 대비 2016년은 10.5% 상승하였다. 또한 횡성군 세입 규모와 횡성한우축제로 유발되는 경제 효과 규모를 비교한 결과 2013년 횡성군 세입액 대비 경제 효과가 차지하는 규모는 8.5%, 2014년은 13.6%, 2015년은 15.1%로 지속적으로 성장하고 있다는 것을 알 수 있다.

12회를 맞은 2016년 횡성한우축제의 직·간접적 경제유발 효과는 780억 2,400만 원에 고용 효과가 828명에 달하는 것으로 나타났다. 이는 경제 파급효과면에서 2015년보다 80억 원이 증가한 수치다.

더욱 놀라운 것은 2016 횡성한우축제는 청탁금지법(김영란법) 시행 직후 열려 당초 관광객 감소를 예상한 상황에서 열렸음에도 불구하고 가족 단위 관광객들이 몰리면서 횡성한

〈표 9〉 횡성군 연도별 세입 규모 현황 (단위: 백만 원)

구분		2011년	2012년	2013년	2014년	2015년
횡성군 세입		389,294	410,153	451,069	475,407	460,995
횡성군 세입 대비 경제 효과 비중				8.5%	13.6%	15.1%
횡성한우 축제	경제 효과			38,400	64,500	69,800
	전년 대비 증감				40.5%↑	7.8%↑
	방문객	31만 명	36만 명	61만 명	80만 명	83만 명
	전년 대비 증감		13.8%↑	69.4%↑	23.8%↑	3.6%↑

우가 매진(완판)되는 등 오히려 청탁금지법 시행이 축제 활성화에 도움이 됐다는 것이다.

　민족사관고 학생들이 참여한 거리 퍼레이드가 눈길을 끌었고, 포토존과 놀거리 전면 배치, 스탬프 투어, 추억의 고고장 등이 호평을 받았다. 또 LED를 활용해 밤이 공존하는 축제로 확대시켰고 SNS블로그가 1,000개 이상 게재되어 횡성한우축제 관심도가 크게 향상되었다.

　특히, 홍콩 국영TV, 일본 NHK에서 횡성한우축제를 생중

계해 세계적 위상도 높아졌다. 방문객은 외지인 73%, 내지인 23%로 집계됐고, 재방문 비율은 60%로 3년 연속 증가했다.

축제 운영 만족도는 평균 5.41로 조사됐고 축제 기간 지역 상인 35%가 매출이 증가했다. 그러나 주차장과 휴식 공간의 부족, 행사장이 혼잡하고 한우 가격이 비싸다는 불만 등, 소를 주제로 한 세계 최고의 횡성한우축제가 되기 위하여 풀어야 할 숙제도 도출되었다.(강원도민일보, 2016.12.01.)

횡성한우가 이러한 성공을 거두게 된 것은 한국에서뿐 아니라 외국에서도 인정된 수상 실적 및 맛에 대한 평가가 있었기 때문이다. 횡성한우에 대한 평가는 2005년부터 지속적으로 이어져 오고 있는데 이것 또한 횡성한우의 브랜드 가치 및 인지도를 높이는 데 일조를 했다고 할 수 있다.

먼저 2005년부터 소비자시민모임 주최로 "우수축산물 브랜드 인증"에 선정되어 12년 연속 수상하였고, 2008년에 (사)한국브랜드경영협회 주최로 "대한민국 소비자신뢰 대표브랜드대상"에 연속 9년간 선정되었으며, 2008년부터 환경미디어주최 "대한민국친환경대상"을 4년 연속 수상했는데, 이 상은 맑고 깨끗한 자연환경을 바탕으로 횡성군수 품질 인증제와 전용 도축장 건립으로 높은 평가를 받은 것으로 생각된다.(매일신문, 2016.9.8.)

해외에서는 2010년에 일본 능률컨설팅협회로부터 "글로벌 브랜드 역량지수 1위"를 무려 5년 연속 수상해 국내뿐 아니라 해외에서까지 인정받는 브랜드로 성장하고 있음을 알 수 있다.(연합뉴스, 2014.5.14.)

횡성한우는 국내에서의 명성뿐 아니라 해외에서 맛과 품질로도 인정받고 있다. 2009년에 캐나다 우육수출협회(CBFF)의 초청으로 캐나다 현지에서 비교 품평회를 개최하였는데 캐나다 현지 소고기 4개 브랜드와 경쟁을 벌여 1위를 차지, 횡성한우가 글로벌 브랜드로서 손색이 없다는 것을 입증하기도 하였다.

2015년에는 중국 산둥성 주청시에서 열리는 한·중·일 산업박람회에 초청되었고, 홍콩 식품박람회에도 초청돼 육포와 소시지, 곰탕 등 횡성한우로 만든 각종 가공식품을 선보여 좋은 반응을 얻었다. 이로써 중화권 시장의 진출 교두보를 마

련해 글로벌 브랜드로서 한걸음 더 내딛는 계기가 되었다.(한

겨레, 2015.8.18.)

앞으로 횡성군은 횡성한우육성 5개년 기본 계획(2015~2019
년)을 통해 횡성한우를 경쟁력 있는 한우산업 육성을 통해
세계적인 글로벌 명품 브랜드로 성장시킬 계획이다. 이 계획
에 따라 2019년까지 158,544백만 원을 투자해 7가지 사업
발전체계 구축, 친환경 사육 기반 조성, 유전 능력 강화, 식
품산업 육성, 유통의 다각화, 지역경제 활성화, 홍보, 마케팅
등의 사업을 추진한다.

횡성군은 횡성한우 브랜드에 만족하지 않고 횡성한우
를 더 널리 알리고 체험할 수 있는 산업 조성을 통해 브랜
드 확장을 꾀하고 있다. 그 일환으로 "섬강 감성문화마을 조
성"(2015~2017년)을 통해 한우를 테마로 한 체험, 전시, 놀이
마당, 쉼터 등을 조성하여 횡성의 관광명소는 물론 횡성한
우의 유·무형적 자산 가치를 높이기 위해 애쓰고 있다. 또
한 "횡성한우 6차 산업화 지구 조성"(2015~2017년)으로 6차
산업화(농촌융복합산업) 지구 조성 사업의 일환으로써 횡성한

우를 이용한 부가가치 창출과 지역경제 활성화에 기여하고 자 다양한 시도를 하고 있다.

횡성군의 이러한 노력은 횡성한우 브랜드가 국민들에게 사랑받는 브랜드뿐 아니라 전 세계인이 사랑하는 브랜드로 도약하는 기틀이 될 것이다.

횡성한우가 세계적인 한우 브랜드로 성장하기 위해서는 먼저 횡성한우 브랜드 전략을 체계적으로 재정립해야 한다. 모든 소비자는 '횡성'이 붙은 한우 브랜드는 '횡성한우'로 인식한다. 횡성군의 한우 브랜드는 횡성축협한우 브랜드, 농협의 횡성한우 브랜드, 어사품 횡성한우 인증 브랜드 등 복잡하게 운영되고 있다. 어떤 브랜드가 진짜 횡성한우인지 소비자가 헷갈려 할 수 있는 오인의 소지가 충분히 있다. 따라서 브랜드별 차별화를 명확히 하든지, 하나로 통합해야 한다.

하나의 브랜드로 통합하는 것은 브랜드 전략을 기초로 진행을 하면 문제가 없지만, 현재의 브랜드를 유지하면서 하나의 이미지로 통합하고자 한다면 로고 타입(한글과 영문 글꼴)을 통합하는 것이 가장 적합한 전략이라 할 수 있다. 단, 서체

횡성축협한우	횡성농협한우	횡성군수 품질인증

출처: 횡성군청 축산과

사용 시 반드시 저작권에 대한 사전 검토를 반드시 실시해 향후 발생할 수 있는 법적 분쟁에 대해 사전 예방을 해야 한다.(현재 인증 브랜드 중간에 사용된 횡성한우 글씨체도 윤디자인그룹에서 개발해 유료로 판매하는 유려체로 저작권에 대한 검토가 필요하다.)

두 번째는 여행이 아니라 관광이 되는 축제로 변모시켜야 한다. 소비자가 횡성한우축제를 방문하고 당일 치기로 횡성한우만 먹고 가는 것이 아니라 먹고, 놀고 그리고 자고 갈 수 있는 다양한 콘텐츠를 개발해야 한다. 그래야만 더 많은 소비와 지출이 일어나 실질적인 지역 주민들의 매출이 증가할 수 있기 때문이다.

세 번째는 1365 횡성한우 명소를 개발해야 한다. 횡성한우축제 기간뿐만 아니라 1년 365일 언제라도 횡성을 방문하게 되었을 때 횡성한우와 관련된 것을 보고 즐기고 체험할 수 있는 곳을 만들어 축제 기간 외에도 재방문할 수 있는 매력을 제공해야 한다.

제5장
개인 브랜드노믹스
(Personal Brandnomics®)

1. 개인 브랜드노믹스란

개인 브랜드노믹스(Personal Brandnomics®)는 개인 브랜드가 경제에 미치는 영향이다. 1인 기업의 시대이며 스타 1명이 중소기업 이상의 매출을 올리는 시대이기도 하다. 개인 브랜드노믹스는 운동선수, 연예인, 정치인, 기타 유명인사들이 많이 해당되지만, 기업 브랜드노믹스를 이끌어가는 기업 CEO에게 매우 중요한 요소이다. 기업의 가치는 유형 자산, 무형 자산, 그리고 CEO 브랜드 자산으로 이루어진다. CEO로 인해 주가가 폭락하는가 하면 국민들이 불매운동을 벌이기도 하며, 소비자들이 스스로 광고를 해 주기도 한다. 때로는 어떤 CEO와 점심식사를 하기 위해 22억 원을 지불해야 하기도 한다.

마이클 조던 경제 효과 12조 원

전지현 경제 효과 3천억 원

김연아 밴쿠버 동계올림픽 금메달 경제 효과 5조 2,350억 원

축구선수 이승우 잠재적 브랜드 경제 효과(가치) 2,280억 원

　일반적으로 브랜드라고 하면 기업 브랜드나 제품 브랜드만을 생각하기 쉽지만 사람들에게 잘 알려지거나 어떤 한 분야를 대표하는 개인도 하나의 브랜드다. 성공한 개인 브랜드는 웬만한 중소기업 못지않게 경제뿐 아니라 사회 전반에 커다란 영향을 미친다. 개인 브랜드, 즉 퍼스널 브랜드(Personal brand)란 개인의 특별한 이미지를 강화, 관리해서 다른 사람들과 차별화하여 자신만의 독특한 브랜드를 만들어가는 것이다. 이름만 대면 누구나 알 수 있는 세계적으로 유명한 스포츠 스타 리오넬 메시(Lionel Messi), 타이거 우즈(Tiger Woods), 마이클 조던(Michael Jordan), 데이비드 베컴(David Beckham), 마리아 샤라포바(Maria Sharapova) 등이다. 우리나라에서는 새로운 한류 드라마의 붐을 일으킨 전지현, 김수현, 스피드 스케이팅 영웅 이상화, 피겨 여왕 김연아, 대한민국 최초의 프리미어리거(Premier-leaguer) 박지성, 그리고

대한민국 선수 중 가장 비싼 이적료(약 400억 원)를 받고 독일 분데스리가 레버쿠젠(Bundesliga Leverkusen)에서 영국 프리미어리그 토트넘(Tottenham)으로 이적한 손흥민 등을 대표적인 개인 브랜드라 할 수 있다.

이들은 자기 분야에서 최고의 기량과 실력을 갖추고 있으며 여기에 준수한 외모, 성실한 이미지 등이 더해져 스타로서의 상품성까지 갖춘 최고의 브랜드가 되었다.

세계적인 스포츠 스타인 마이클 조던은 AP통신이 뽑은 20세기의 가장 위대한 운동선수 중 하나다. 그가 1980년대 NBA에 혜성처럼 나타나서 그의 소속팀인 시카고불스(Chicago Bulls)에게 여섯 번이나 우승트로피를 안겨 줬고, 그는 무려 다섯 번이나 MVP에 선정되었다. 또한 누구도 넘볼 수 없는 뛰어난 기량으로 농구팬 모두를 감동과 열광으로 몰아넣어 NBA를 최고의 농구 리그로 만들었고, 미국뿐 아니라 전 세계에까지 그 영향력을 미치게 했다. 1998년 〈포춘지〉가 밝힌 1984년부터 1998년 은퇴 전까지 마이클 조던이 미국 경제에 미친 경제 효과는 100억 달러(12조 원)라고 추산

했다. 입장료 수입과 TV 중계 수입 12억 3,200만 달러, 라이선스 사업 31억 달러, 스폰서비 52억 달러, 상품광고 4억 1천만 달러, 에이전트 수익 6천만 달러 등으로 걸어 다니는 기업으로 평가받기에 충분했다.[1]

이렇듯 성공한 개인 브랜드는 기업 못지않은 매출과 이익을 통해 국가 및 사회 전반에 걸쳐 다양한 영향을 끼치고 있지만, 그중 개인 브랜드가 경제에 미치는 중요한 효과는 세 가지로 정리할 수 있다.

첫째, 개인 브랜드는 후원한 기업의 상품, 서비스에 영향을 미친다.

잘 알려진 연예인이나 스포츠 스타를 후원하여 얻는 경제적 가치는 매우 높다. 치맥 신드롬을 일으킨 드라마 〈별에서 온 그대〉는 후원한 기업의 상품이나 서비스에서 엄청난 경제적 파급효과와 브랜드 이미지 가치 상승이라는 놀라운 성과를 달성할 수 있게 하였다.

---

1) 토머스 L. 프리드먼, 『렉서스와 올리브나무』, pp. 544~545.; 날으는 조던 효과 1백억불,《이코노미스트》707호, 2003.10.6.

드라마 속 천송이 역을 맡은 전지현은 재미있고 재치 있는 연기를 통해 인기가 높아졌고, 전지현을 통해 PPL(Product Placement)을 했던 모든 상품들이 거의 다 판매되는 등 경제적 측면에서 많은 영향을 미쳤다. 이를 바탕으로 조사한 전지현이라는 개인 브랜드의 가치가 무려 3,000억 원 정도라는 놀라운 연구 결과가 발표되기도 했다.

특히, 전지현이 입고 나온 트렌치코트는 계절적으로 입을 시기가 아닌 2월임에도 불구하고 1차 물량이 모두 판매되었고, 전지현이 바른 립스틱도 평소보다 4배 이상 팔렸다. 이 외에도 지갑, 가방, 반지, 양말, 망토, 선글라스 등 거의 모든 제품이 다 판매되는 등 전지현 효과를 톡톡히 실감하였다.[2]

전지현 효과는 국내뿐 아니라 중국에서도 나타났다. 드라마 속 '비오는 날에 치킨과 맥주인데'라는 천송이의 대사로 인해 치맥 문화가 없던 중국에서 치킨과 맥주의 인기가 하늘높이 치솟았다. 필자가 당시 중국 출장 중이었는데 상하이

---

2) 스타노믹스의 탄생-'미다스 손' 천송이 경제 효과, 한경비지니스, 2014.3.28.

코리안타운에서 치킨이나 닭강정을 사기 위해 길게 늘어선 줄을 실제 목격하기도 하였다. 이뿐만 아니라 전지현이 광고 모델로 나온 파리크라상과 김수현이 광고 모델로 나온 뚜레쥬르에도 많은 손님이 줄을 서서 빵이나 케이크 등을 구매하는 모습에서 그 인기를 실감하였다.

이렇듯 드라마에서 후원한 상품이나 서비스는 주인공의 인기와 함께 소비자에게 좋은 이미지 상승 효과와 매출 증가에 직접적인 영향을 준다는 것을 알 수 있다.

둘째, 개인 브랜드는 국가의 위상 및 국가의 이미지를 한 단계 상승시킨다.

피겨 스케이팅의 불모지였던 한국에서 100년에 한 번 나올까 말까 하는 피겨 천재 김연아가 나타나 단숨에 한국 피겨 스케이팅의 위상을 높였을 뿐만 아니라, 피겨 여왕 김연아로 인해 한국의 국가 이미지가 한 단계 상승되었다.

김연아는 2006년 세계 시니어 대회에 혜성같이 등장하여 출전한 모든 대회에서 빠짐없이 시상대에 오르며 우리나라에서 관심조차 없었던 피겨 스케이팅이라는 분야에 지대한 영향을 미쳤고, 이로 인해 관련 산업도 많이 성장했다. 특히, 2010년 밴쿠버 동계올림픽에서 김연아 선수는 금메달 획득으로 세계 피겨계를 평정하는 마침표를 찍었으며, 개인뿐 아니라 국가 이미지를 한 단계 높이고 대한민국 국민으로서 자긍심을 갖게 하였다.

또한 동계올림픽을 통해 김연아가 국가경제에 미친 영향력은 실로 대단하였다. 국민체육진흥공단 스포츠산업본부가 한양대학교 스포츠산업 마케팅센터에 의뢰해 조사한 결과에 의하면 김연아의 밴쿠버 동계올림픽 금메달로 인해 5조 2,350억 원의 경제 효과가 발생하였다고 한다. 직접 수입을 비롯해 방송사와 네이밍 라이센싱 제품의 매출 등 직접 효과가 1조 8,201억 원이며, 김연아 관련 기업의 주가와 매출 상승, 동계스포츠 산업 성장 효과 등 간접적인 파급효과가 2조 4,868억 원이고 미디어 가치를 통한 국가 이미지 제고효과 9,281억 원이 더해졌다.(스포츠동아, 2010.3.8.)

그동안 피겨 스케이팅에서 김연아 선수가 거둔 수많은 우승은 대한민국 국가 이미지 및 국가경제에 많은 파급효과를 가져왔다.

뿐만 아니라 김연아는 2018년 평창 동계올림픽 유치 성공에도 결정적인 역할을 하며 세계 스포츠계에서 김연아의 위상을 실감하게 하였다.

앞서 두 번의 동계올림픽 유치 실패로 인해 많은 부담을 안고 있었고, 두 번의 유치 과정에서 한반도의 평화 정착 등 다소 무거운 주제로 유치의 당위성을 설득했던 평창은 2018년 유치에서 김연아의 활약을 앞세워 국제올림픽위원회(IOC) 위원들의 감성을 자극하는 데 성공하여 2018년 평창 동계올림픽 유치라는 쾌거를 달성하였고, 대한민국의 위상을 더욱 드높였다. 특히, 상대 유치국은 우리보다 경제나 스포츠에서 앞선 독일이었으며, 두 번 연속 동계올림픽에서 금메달을 따낸 피겨 스타 카트리나 피트와의 경쟁이었다는 점에서 그 의미는 더욱 크다고 할 수 있다.(연합뉴스, 2011.7.7.)

이로써 대한민국은 동계올림픽, 하계올림픽, 월드컵, 세계육상선수권대회 등 세계 4대 국제 스포츠 이벤트를 모두 개최하는 위업을 달성한 다섯 번째 국가(프랑스, 독일, 이탈리아, 일본, 대한민국)로 세계 스포츠 역사에 이름을 남기게 되었다.

셋째, 개인 브랜드는 국민에게 무형의 행복감과 희망감을 준다.

우리는 그동안 스포츠를 통해 때로는 슬프기도 하고 때로는 너무나 기뻐서 흥분을 감추지 못하는 경험을 해 왔다. 스포츠라는 각본 없는 드라마를 통해 무한 감동과 최고의 경험을 했던 것이다. 1998년 골프계에 혜성같이 등장한 박세리선수의 LPGA 우승으로 온 국민이 힘들어하던 IMF의 시련을 함께 극복할 수 있었고, 2002년 월드컵을 통하여 대한민국 국민 모두가 하나가 되어 월드컵 기간 내내 흥분을 감추지 못하는 축구 역사상 최고의 경험을 했다.

특히, 월드컵을 통해서 대한민국 최초의 프리미어리거 박지성이라는 새로운 개인 브랜드를 탄생시켜 국민들의 행복감을 2010년대까지 연장시켰다. 세계 최고 축구 리그인 영국 프리미어리그(English Premier-league)에서 박지성이 활약하는 동안 새벽잠을 설치면서 그의 경기를 보고 가슴 설레는 기쁨을 누린 것이 한두 번이 아니고, 그의 활약을 통해서 모든 국민이 힘을 얻고 하루를 활기차게 시작할 수 있었다.

2014년에는 괴물 투수 류현진이 미국 메이저리그(Major-league)에서 엄청난 활약으로 박지성의 바통을 이어받아 한국의 아침을 활기차게 시작하게 하였다. 류현진은 한국 교민들이 많은 LA 다저스(Dodgers)에서 예상 밖의 좋은 활약을 펼쳐 미국에서도 우리나라에서도 많은 인기를 누리고 있었다. 대한민국의 경제가 점점 좋지 않은 상황에서 류현진의 1승은 국민들에게 많은 자신감과 함께 어려운 환경을 이겨나갈 버팀목이 되어 주었다는 측면에서 많은 도움이 되었던 것도 사실이다.

피겨 여왕 김연아는 2006년부터 2014년까지 두 번의 올림픽과 세계 선수권대회에서 수 차례 우승 트로피를 들어 올리면서 불모지와도 같은 피겨 스케이팅에서 피겨 여왕으로 등극하며 대한민국 국민으로서 자긍심과 함께 국가의 위상을 한 단계 올리면서 기쁨과 행복을 전해 주었다.

이렇듯 개인 브랜드는 돈으로는 살 수 없는 커다란 경제 효과를 유발한다. 경제 효과라는 것은 직접적인 부분도 있지만 간접적인 부분들, 특히 스포츠 선수나 연예인 등의 개인 브랜드를 통해서 얻는 기쁨이나 행복감, 그들이 어려움을 극복하고 이겨나가는 꾸미지 않은 진실된 이야기 등을 통해 얻게 되는 꿈과 희망은 돈으로 환산하기 어려운 경제 효과이다.

고난과 역경을 이겨내는 스타들과 그들의 이야기를 듣고 보면서 우리도 할 수 있다는 자신감을 얻고, 그 자신감으로 살아가는 국민들의 삶이 결국은 경제에 직·간접적으로 영향을 미친다고 할 수 있다. 한마디로 그들의 활약 하나하나가 우리에게는 삶의 에너지가 되고 동기부여가 되는 것이라 할 수 있다. 물론 이것이 경제에 얼마만큼이나 영향을 미쳤는지 정확한 측정은 어렵겠지만(향후 지속적인 연구를 통해 해결해야 할 과제) 모든 개개인의 마음속에 기쁨이 되고 생활에 활력이 되어 자신이 하는 일이나 활동에 긍정적인 영향을 미쳤으리라 생각된다. 이것이 개인 브랜드가 경제에 주는 커다란 메시지가 아닌가 한다.

2. 국가 브랜드 가치를 높인 월드스타 싸이

2012년은 말춤이 전 세계를 강타하며 지구촌을 한바탕 뜨 겁게 달구었고 바로 그 중심에 자랑스러운 대한민국의 싸이 가 있었다. 가수 싸이는 2012년 7월 15일 싸이 6집 정규 앨 범인 '싸이6甲 part1'에서 타이틀곡인 '강남스타일'을 발표했 는데, 이 노래가 이렇게까지 큰 파장을 몰고 올지 아무도 알 수 없었다.

빠른 템포와 중독성 강한 후렴구, 한 편의 코미디를 보는 듯한 재미있는 뮤직비디오, 신나고 단순해서 쉽게 따라 출 수 있는 말춤까지, 싸이가 가지고 있는 모든 개성과 이미지 를 고스란히 드러낸 이 노래는 하루아침에 싸이를 세계적인 월드스타로 만들었다.

원래 이 곡은 세계시장, 특히 미국의 빌보드 차트를 겨냥 해서 만들어진 곡은 아니었다. 한국어로 만들어진 가사와 고급스러움과 세련미가 넘치는 음악 스타일이 아닌 싸이를 대표하는 B급 문화를 중심으로 만들어진 음악이었다.

세련미보다는 저속함, 고급스러움보다는 유머와 재미를 살린 이 노래가 결국에는 한국을 넘어 팝의 본고장 미국 빌보드 차트에서 무려 7주간 2위를 차지하였고, 미국 최대 유료 음원 사이트인 아이튠즈에서 1위, 영국 아이튠즈 1위, 영국 싱글 차트 1위 등 세계 30여 개국 주요 음악 차트에서 1위를 하는 등 강남스타일에 대한 인기는 가히 폭발적이었다.

빌보드 차트에서 1위를 하지 못하고 2위로 마감을 한 것이 끝내 아쉽기는 하지만 빌보드 차트 2위의 업적은 한국 가수 최초이자 최고의 성적이며, 아시아에서는 두 번째의 성적이 었다는 것 자체만으로도 엄청난 성과임에 틀림없다.

가수 싸이가 하루아침에 월드스타가 된 배경에는 SNS가 가장 큰 몫을 했다고 해도 과언이 아니다. 특히, 이 노래는 애초에 세계시장을 겨냥해서 의도적으로 만들어진 노래가 아니었기 때문에 홍보 수단 또한 SNS만을 활용하였다. 하지만 SNS에서 생각지도 못했던 폭발적인 인기를 얻게 되었고, 그것이 세계시장으로 진출하는 계기가 되었다. SNS에서 커다란 홍보효과를 얻을 수 있었던 배경에는 저스틴 비버 (Justin Bieber)의 능력을 일찍이 간파하여 세계적인 스타로 만든 연예기획자 스쿠터 브라운(Scooter Braun)의 힘이 컸다.

스쿠터 브라운이 강남스타일을 자신의 트위터에서 언급하면서 폭발적으로 조회 수가 늘어났고, 여기에 케이티 페리 (Katy Perry), 브리트니 스피어즈(Britney Spears), 톰 크루즈(Tom Cruise) 등 유명한 할리우드 스타들도 자신의 SNS에서 언급하면서 전 세계적으로 화제가 되어 더욱 빠르게 퍼져 나갔다. 또한 미국의 CNN, ABC, 로이터통신(Reuters), 허핑턴포스트(Huffingtonpost), 월스트리트저널(Wall Street Journal), LA타임지(LA Times) 등 유력 언론들도 일제히 강남스타일에 대하여 소개하였다. 그중 세계적으로 막강한 영향력을 발휘하는 미국 시사 주간지 타임이 1면에서 싸이와 강남스타일을 비중 있게 다루어 줌으로써 파급효과는 더 극대화되었다.

그리고 미국 진출을 위하여 스쿠터 브라운과 계약을 체결한 뒤 MTV 비디오 뮤직 어워드 등 대형 음악 시상식과 NBC '엘렌 드제너러스 쇼(The Ellen DeGeneres Show)', '투데이

쇼(Today Show)', '새터데이 나이트 라이브(Saturday Night Live)', ABC방송의 '나이트라인(Night Line)', '굿모닝 아메리카(Good morning America)' 등 유명 TV 프로그램에 출연하여 강남스타일의 홍보효과를 더욱 배가시켰다.(연합뉴스, 2012.9.27)

이러한 노력 덕분에 강남스타일의 유튜브 조회 수는 그야말로 전광석화같이 빠르게 늘었으며, 2012년 8월 2일 조회 수 1천만 뷰 돌파를 시작으로 9월 중 1억 뷰(4일), 2억 뷰(18일), 3억 뷰(28일), 10월 중 4억 뷰(8일), 5억 뷰(20일), 12월 10억 뷰를 넘길 정도로 엄청난 인기를 구가했다.

그 기록은 식을 줄 모르고 해를 넘겨 2013년 4월 15억 뷰, 2014년 5월 20억 뷰, 2016년 1월 25억 뷰, 2016년 7월 3일 26억 뷰를 달성하였다. 이러한 대단한 기록은 최대 21억으로 설정해 놓은 유튜브의 조회 시스템을 바꿀 정도로 놀라웠고, 전 세계 유튜브 사상 최다 조회기록을 아직도 경신 중에 있다.(조선닷컴, 2016.7.3)

조회 국가도 미국에서부터 소말리아까지 특정 국가, 특정 지역에 편중된 것이 아니라 미주, 아시아, 유럽, 남미 등 고루 분포되어 전 세계적인 관심을 한 몸에 받았으며, 특히 에이트리아라는 생소한 나라에서조차 조회했다는 기록이 나올 정도로 관심이 컸다.

강남스타일의 대박 성공에 힘입어 싸이 또한 엄청난 수익과 부를 창출하였다. 물론 정확한 수입은 제대로 공개되지 않았지만, 경제연구소 및 전문가들의 분석에 따르면 강남스타일의 성공을 통해 음원 판매, 앨범 판매, 저작권료, 광고, 공연 및 행사 등 다양한 수익원으로 150억 이상의 수입을 올렸을 것이라 추정했다.

광고의 경우 2012년 10여 개의 CF를 계약해서 50억 원 이상의 수입을 올렸을 것이다. 강남스타일 발표 전의 싸이의 광고 모델료는 1~2억 원 사이였지만 이후에는 월드스타로서 세계에 영향을 미치는 것을 고려해 A급 광고 모델료가 책정되어 광고 한 편에 4~5억, 심지어 7억 원까지 치솟을 정도로 그의 가치가 높아졌다.

삼성지펠, LG유플러스, 농심 신라면 블랙, CJ제일제당 햇개수 등 다양한 CF에 출연해 그의 주가를 높였는데 광고효과 또한 기대 이상으로 나타났다.

농심의 경우 원래는 새우깡의 광고 모델을 제안했지만 라면을 좋아하는 싸이가 라면 광고 모델을 위해 프리젠테이션 동영상을 유튜브에 올리면서 신라면 블랙 광고 모델로 발탁되었고, 그로 인해 광고효과를 톡톡히 보았다. 싸이가 신라면 블랙컵 광고 모델로 등장한 이후 매출이 전달 대비 30% 이상 높아졌고, 컵라면 순위도 한 달 만에 8위에서 6위로 오르면서 싸이 효과를 실감했다.

또한 LG유플러스 광고에서는 싸이의 강남스타일을 차용한 'U+Style(유플스타일)' 광고를 통해 경쟁이 치열한 통신업계에서 LG브랜드를 더욱 강화시키는 데 큰 몫을 했고, 실제 광고 방영 후 LG유플러스 자체 조사 결과 이 광고는 서비스 인지도가 90%를 넘어섰다고 한다.(아시아투데이, 2012.12.12)

한국CM전략연구소에서 실시한 '2012년 9월 소비자 선호 광고' 조사에서 LG유플러스의 '싸이, 서비스만족도 1위, 진리다' 편이 소비자들이 가장 좋아하는 광고로 뽑히는 영광을 안았다.

'싸이'라는 개인 브랜드를 통해 싸이 자신도 막대한 수입을 올렸지만 싸이를 광고 모델로 발탁한 기업에서는 기업(브랜드) 매출 및 이미지 개선에 커다란 효과를 얻을 수 있었다.

특히 강남스타일의 뮤직비디오를 통해 서울 강남에 대해 전혀 알지 못했던 외국인들이 강남에 대해서 관심을 갖게 되었고, 강남을 찾는 관광객들이 많이 늘었으며 한 여행사의 경우 강남스타일 발표 이후 외국인 VIP 관광객들이 2013년 대비 127% 증가했다고 이야기할 정도이다.

심지어 싸이는 박지성과 김연아를 제치고 대한민국을 대표하는 '얼굴'이 됐다. 한 외국인 VIP 전문 여행사가 주한 외국인 및 외국인 관광객들을 대상으로 실시한 설문조사 결과 56%의 지지를 받으며 '가장 만나고 싶은 한국인 1위'로 뽑히기도 했다.(중앙일보, 2012.8.30)

싸이의 노래 덕분에 외국인들이 강남에 대한 관심을 갖게 되면서 숫자로 환산하기 힘든 홍보효과를 보게 되었고, 특히 강남에 대한 새로운 인식을 가졌다는 데 큰 의의가 있다. 강남구청은 세계에 강남을 널리 알린 공로로 싸이에게 감사

패를 전달하고 강남구 홍보대사로 위촉하기도 했다.

강남스타일의 성공은 소속사인 YG엔터테인먼트와 양현석 대표에게도 커다란 영향을 미쳤다. 그중 가장 큰 현상이 기업의 주식 가치가 높아진 것이다. '강남스타일'이 수록된 싸이 6집 앨범 발매 이전에 YG엔터의 주가는 2012년 7월 13일 기준 47,600원이었지만 발매 이후 주가가 지속적으로 오르더니 9월 5일 64,800원으로, 10월 4일 100,500원까지 치솟아 두 배 이상 오르기도 했다. 시가총액도 2,000억 원 이상 올라 양 대표는 주식부자 순위에서 2011년 130위에서 2012년 49위로 껑충 뛰었고, 연예인 주식부자 만년 1위였던 이수만 SM엔터테인먼트 회장도 넘어섰다.(연합뉴스, 2012.10.2)

싸이의 효과는 이뿐만이 아니었다. 싸이 아버지가 경영하는 반도체 검사 장비 회사 '디아이' 또한 싸이 특수를 누리며 주식 평가액이 49억 원에서 114억 원으로 늘어나는 말 그대로 '대박'을 쳤다. 주가의 고공행진으로 한때 이 회사의 주가가 20% 이상 넘게 올라서 투자 경고 종목으로 지정됐고, 매매 거래마저 정지되기도 하였다.

강남스타일의 성공이 싸이 아버지 기업에도 영향을 미칠 정도로 그 파급효과는 대단했고, 이를 통해 싸이라는 개인 브랜드가 경제에 커다란 영향을 미쳤다는 것을 온몸으로 느낄 수 있었다.

강남스타일의 성공으로 산업정책연구원은 2012년도 국가 브랜드 가치 상승에 가장 많이 기여한 인물로 싸이를 선정했다. 산업정책연구원은 매년 코리아 브랜드 컨퍼런스를 통해 분야별로 개인 슈퍼브랜드(Super Brand)를 선정하여 발표하는데, 싸이가 이 슈퍼브랜드에 선정되었다. 이는 국민, 사회, 국가에 대한 개인 브랜드의 영향력을 보여 주는 것으로 이를 통해 국가 브랜드 가치나 이미지에 긍정적인 영향을 미친 것으로 생각할 수 있다.

강남스타일을 통해 한국의 위상을 높이고 국가 브랜드의 가치 상승을 이끈 공로로 싸이는 정부로부터 대한민국 대중문화예술상의 최고 영예인 옥관문화훈장을 받아 싸이 본인의 개인 브랜드 가치를 높였다. 계속해서 2013, 2014년에도 산업정책연구원의 개인 슈퍼브랜드로 선정되어 싸이 브랜

드의 가치에 대한 영향력을 증명하였다.(산업정책연구원, http://
www.ips.or.kr)

국내뿐 아니라 해외에서도 미국의 유력 일간지 워싱턴포
스트(WP), 영국의 유력 일간지 파이낸셜타임스(FT)는 싸이의
'강남스타일'이 한국의 국가 브랜드를 높였다고 평가했다.

또한 '더 이코노믹 타임스, AFP 통신' 등 외신들도 한국
의 가수 싸이와 삼성이 2012년도 '한국의 브랜드 가치(brand
Korea in 2012)'를 들어 올린 수훈갑이라고 보도하기도 했
다.(뉴스타운, 2012.12.10)

유튜브를 운영하는 구글의 에릭 슈미트 회장도 싸이와의
만남을 통해 "강남스타일이 보는 사람들을 유쾌하게 하는
훌륭한 콘텐츠였기 때문에 뮤직비디오로 전 세계가 한국을
주목하게 됐다. 당신은 한국의 위상을 높인 영웅이다."라고
싸이를 높이 평가했다.

경제뿐 아니라 문화적인 측면에서도 싸이의 역할은 컸다
고 할 수 있다. 싸이의 성공으로 인해 K-pop에 대한 전 세
계인의 인식이 높아지고 가치에 대해 좋은 느낌을 가질 수

있어 이후 다른 가수들의 세계 도전에도 긍정적으로 영향을 미칠 것이라 생각된다. 실제 동남아시아의 경우 싸이를 통해 한국 및 K-pop에 대한 인식이 높아졌다고 한다.

한 개인의 능력으로 국가 브랜드에 영향력을 끼치고 국위를 선양하였다는 점에서 참 고무적이라 할 수 있다. 개인 브랜드를 통해 국가의 위상도 높아지고 한 국가에 대한 긍정적인 영향들이 미친다는 점에서 개인 브랜드는 중요하다고 할 수 있다.

특히, 개인 브랜드가 국가의 경제, 문화, 사회 전반에 커다란 영향을 미칠 수 있다는 점에 대하여 우리 모두 개인 브랜드에 대한 인식을 새롭게 하는 것이 필요하다고 하겠다.

한류의 원조라 할 수 있는 배용준의 경우 〈겨울연가〉를 통해 '욘사마'라고 불리며 엄청난 한류 바람을 일으켰다. 한류 바람을 통해 배용준이 경제에 미친 효과가 3조 원 이상이라고 현대경제연구소가 연구 결과를 내놓기도 했다.

배용준 같은 개인 브랜드 8명의 가치는 한국의 대 일본 수출총액과 맞먹는다는 중국 언론의 분석도 있었다. 이는 배용준이 경제에 미친 효과가 그만큼 컸다는 것을 말해 준다. 이는 그만큼 개인 브랜드 가치가 중요하다는 것으로, 배용준이나 싸이 같은 브랜드를 전략적으로 잘 키워서 경제 및 문화 경쟁력을 높이는 것이 필요하다고 하겠다.

음악과 드라마 등 잘 만들어진 문화콘텐츠와 개인 브랜드가 바로 경제와 연관된다는 것 또한 잊지 말아야 한다. 결국 잘 키워진 개인 브랜드는 경제, 문화, 사회 전반뿐만 아니라 기업 및 국가 브랜드에도 막대한 영향을 끼친다는 점에서 개인 브랜드의 중요성을 아무리 강조해도 지나치지 않다.

3. 코리언 메시 이승우의 잠재적 브랜드 가치 2,280억 원

축구는 추정 팬 35억 명으로 세계에서 가장 인기 있는 스포츠이다. 그중 세계에서 가장 주목 받는 선수 중 한 명은 스페인 바르셀로나에서 뛰고 있는 '축구의 신 메시'이다.

　종종 축구의 신 메시와 비교되며 리틀 메시로 불리는 선수가 바로 대한민국의 이승우이다.

　2016년 1월 21일 경희대학교 스포츠·문화콘텐츠연구소(소장 김도균 교수)가 발표한 '축구선수 이승우의 경제적 효과 분석' 연구 결과 이승우(18·FC 바르셀로나 후베닐A)의 성장 잠재력을 감안한 경제적 가치가 무려 2,280억 원으로 나타났다.

　이 가치는 2016년 만 18세가 돼 국제축구연맹(FIFA)의 출

전 정지 징계에서 벗어난 이승우가 착실히 경험과 기량을 쌓아 바르셀로나 1군에 승격하고 국가대표팀에 발탁될 경우를 가정한 기대 효과다.

이승우가 유소년 무대에서 거둔 기록을 비롯해 연봉(20억 원·추정)과 바이아웃(소속팀 동의 없이 선수와 이적 협상을 할 수 있는 액수·155억 원), 국내·외 언론 노출도, 각종 포털사이트 검색 및 경기 동영상 조회 수, 출전 경기 시청률 및 관중 수, 스폰서십 업체 매출 증감 등이 평가 기준이었다. 평가 자료에 따르면 이승우의 경제 가치 중 '미디어 노출에 따른 관심 증대'가 500억 원에 달해 가장 높았으며, 이는 출전 경기 TV 중계 및 동영상, 관련 인터뷰 및 분석 기사에 따른 광고효과를 근거로 평가한 것이다.

이승우에 대한 폭발적인 관심은 언론과 팬들의 상호 작용에 따른 결과물이다. 각종 해외 매체가 이승우의 잠재력을 칭찬한 게 시발점이 됐다.

"이승우는 아시아의 메시다"(스포르트·스페인), "바르셀로나 유망주 중 메시를 대체할 선수는 이승우뿐"(골닷컴·독일), "아시아에서 나올 수 있는 10억분의 1 확률의 선수"(스포르트·이탈리아) 등 찬사가 이어지면서 '이승우 신드롬'에 불이 붙었다.

2011년 '이승우'와 '바르셀로나'를 조합한 키워드 검색은 33건(네이버 기준)에 불과했지만 이후 46건(2012년), 413건(2013년), 2,389건(2014년), 6,078건(2015년)으로 급증했다. 이승우의 활약상을 담은 각종 경기 동영상의 조회 수는 총 326만 건에 달했다. 박지성(35만여 건)·차범근(63만여 건)·기성용(27만여 건) 등을 뛰어넘은 한국 선수 최고 기록이다.

이 밖에도 이승우가 출전하는 각종 대회의 매출 및 주목도 증대 효과가 380억 원, 스포츠 용품 후원 및 CF에 따른 광고효과 300억 원, 파생 상품(관광·아시아 시장 개척 등) 출시 효과가 150억 원으로 데이터를 통해 산출 가능한 직접적 경제 효과만 1,330억 원에 이른다.

또한 간접적 효과로는 이승우의 활약에 따른 국민들의 일체감 조성 200억 원, '제2의 이승우'를 찾기 위한 축구계의 투자 비용 확대를 100억 원, 이승우와 함께 한국 선수들에 대한 주목도가 높아지는 부가 효과도 50억 원, 대한민국 브랜드 이미지 상승 효과(300억 원·이상 추정)와 아시아 축구에 대한 기대치 향상 효과(300억 원·이상 추정)도 기대된다고 하였다.

김도균 교수는 "데이터를 통해 나타나는 이승우의 주목도는 이미 박지성의 전성기 시절을 능가한다."면서 "국내뿐만 아니라 해외에서도 주목도가 높은 만큼 대한민국 이미지 제고에도 기여할 수 있다."라고 했다. 김 교수는 이어 "이승우의 경제적 가치는 미래 가치를 넘어 투자할 만한 가치에 해당하는 수준"이라면서 "스포츠를 넘어 경제·산업적 기여도가 높은 선수인 만큼 안정적으로 성장할 수 있게 안팎으로 도와야 한다."라고 했다.(중앙일보, 2016.1.21.)

Brandnomics

4. 세계 최고의 UFC 링아나운서 브루스 버퍼

세계 1위 종합격투기 UFC에서 경기장의 모든 사람들은 물론이고 UFC를 시청 중인 수천만, 수억 사람들의 눈길을 사로잡는 '옥타곤의 목소리'라 불리는 세계 최고의 링아나운서 브루스 버퍼(Bruce Buffer)가 있다. 브루스 버퍼가 자신의 캐치프레이즈인 "IT~~~~~'S TIME!(시간이 되었습니다!)"을 외치는 순간 관중들은 자동적으로 열광하며 심장이 뛰기 시작한다.

브루스 버퍼는 그의 형인 마이클 버퍼(Michael Buffer)와 더불어 아나운싱 관련 직업을 가진 이들 중 세계 최고로 많은 돈을 버는 2인이다.

버퍼 두 형제가 창출하는 직접적인 경제적 효과는 우리가 생각하는 그 이상으로 엄청나다. 형인 마이클 버퍼는 연간 한화 45억 원($400만), 동생 브루스 버퍼는 22.9억 원($200만) 정도이다.

간접적인 효과로는 마이클 버퍼가 없는 권투의 사각링과, 브루스 버퍼가 없는 옥타곤은 상상할 수 없을 정도로 하나가 되었으며, 이들의 목소리를 통해 관중과 시청자들은 환호와 열광에 빠지며 경기를 즐길 수 있는 심리적인 효과일 것이다.

이처럼 목소리 하나로 브루스 버퍼가 성공할 수 있었던 것은 형인 마이클 버퍼의 매니지먼트를 맡으면서부터다. 첫 번째 성공 요인은 법적인 권리 확보이다. 브루스 버퍼는 형 마이클 버퍼의 매니지먼트를 시작하면서 단순 관리의 차원을 넘어 마이클 버퍼라는 이름에 대한 브랜딩은 물론, 마이클 버퍼가 항상 선수 소개에 사용하는 캐치 프레이즈 "LET'S GET READY TO RUMBLE!(떠들썩해질 준비를 하자!)"와 자신의 캐치 프레이즈 "IT~~~~~'S TIME!(시간이 되었습니다!)"에 대하여 저작권 등록을 했다.

또한 마이클 버퍼와 관련한 상품은 물론이고, LET'S GET READY TO RUMBLE의 사용권리를 소리 상표와 문자 상표로 등록해 법적으로 보유하고 있다. 그렇기 때문에 미국, 캐나다, 영국을 비롯한 여러 국가에서 이 문구를 사용하려면 사전에 허가를 받고 사용이 가능하도록 했다.

마이클 버퍼의 홈페이지에 따르면, 이 캐치프레이즈는 각종 CD, 게임, 도서, 스포츠 이벤트 등에 문구 및 실제 음성으로 상업적으로 사용되었고 이 캐치 프레이즈를 사용해 출시된 제품들의 매출액이 1,365억 원 가량(1억 2,500만 불)을 훌쩍 상회한다고 한다.

두 번째는 직업 정신이다. 브루스 버퍼는 링아나운서 일을 돈 때문에 하지 않는다고 한다. 그리고 "UFC에서 아나운서로 일하는 것을 본인이 맡은 여러 가지 일 중 최우선이자 가장 중요하게 여기며, 언제나 110%의 노력으로 열정을 가지고 일을 하려고 한다."는 것이다.

세 번째는 겸손이다. 그는 자타 공인 세계 최고의 링아나운서이지만 데이나 화이트, 로렌조 퍼티타 등 함께 일하고 있는 이들을 사랑하며, 항상 스스로가 누군가보다 위에 있다고 생각하지 않고 계속 노력한다.(mfight, 2015.2.13)

개인 브랜드는 현재 가치도 중요하지만 스폰서 기업이나 광고주 입장에서는 미래의 가치가 더 중요하다.

성공한 개인 브랜드는 개인 그 이상이다. 그러므로 항상 개인 브랜드 가치를 지키고 유지하기 위해 일반인보다 더 많은 노력과 희생을 감수해야 한다.

스포츠 스타나 유명 연예인은 공인은 아니지만 공인처럼

생각하고 행동해야 한다. 팬들에게서 멀어진 개인 브랜드는 빈껍데기에 불과하기 때문이다.

기업을 책임지고 있는 CEO는 자신이 곧 기업이라는 인식을 가지고 매사에 신중해야 한다. 자칫 말 한 마디 실수로 인하여 주가가 떨어짐은 물론 소비자의 불매운동으로 매출 하락과 브랜드 이미지에 심각한 타격을 받을 수 있다.

정치인, 특히 국회의원은 지역 브랜드와 밀접한 연관이 있다. 자신으로 인해 지역 주민들이 유·무형적인 피해를 본다면 두 번 다시는 금배지를 달 수 없을 것이다.

제6장
브랜드노믹스
성공 사례

1. 대한민국 최고 초정밀 절삭가공 기업 리슨트

리슨트에는 미국 실리콘밸리 기업의 감동적인 스토리가 있다

부품 수입 대체효과 1조 원을 창출하는 초정밀 절삭가공의 선도 기업 리슨트의 전신인 케스코사는 1995년 성내동에 있는 주차장 내 가건물 3.5평에서 시작되었다. 케스코사는 현재 LS산전의 전신인 금성계전의 전기요금 검침기인 적산전력계의 부품 국산화에 따른 부품을 생산하기 위해 1대의 기계로 출발하였다. 최초의 사업은 사업 시작 6개월 만에 적산전력계가 아날로그 타입에서 디지털 타입으로 바뀌면서 부품이 단종되어 발주가 없어져 구매한 1대의 기계는 다른 곳

출처: ㈜리슨트
리슨트 최초 공장 성내공원 주차
장에서 어머님과 함께 찍은 사진.

에 임대를 주고 새로운 기계를 구매하였다.

새로 구입한 기계로 현대금속에서 생산하는 자물쇠에 들
어가는 핵심 핀을 개발하여 납품하였다. 핵심 핀 개발로 지
금까지 미국에서 수입되는 부품을 대체하여 수입 대체효과
를 이룰 수 있게 되었다. 하지만 1년 후 현대금속의 부도로
납품은 중단되었고, 1년 매출이 2억이 채 되지 않은 상황에
서 약 6,000만 원의 부도를 맞았다. 다행히 법정관리에 들어
가 몇 개월 후에 납품은 할 수 있었으나 부도 금액은 20%

정도만 받을 수 있었다.

이후 여자들의 머리집게용 액세서리를 생산하는 은선사라는 기업에 핀을 납품하며 몇 개월 거래하다 3,000만 원의 부도를 맞아 납품이 중단되는 사태를 겪기도 하였다.

두 번의 협력업체 부도로 어려움에 처해 있었지만 삐삐(일명 호출기)에 들어가는 전자석 역할을 하는 요크 부품을 개발하면서 처음으로 1명의 직원을 뽑게 되었다. 그 기간 동안은 주차장에서 주차표를 주는 일을 하면서 생산과 개발을 하였다.

급격한 통신기기의 발달로 인해 삐삐(호출기)가 사라지고 PCS 휴대폰이 생산되면서 휴대폰용 교환기에 들어가는 커넥터 핀과 CPU(컴퓨터의 중앙처리 장치)에 사용되는 소형 정밀 핀을 개발하여 (주)우영에 납품을 시작하게 되었다. (주)우영으로부터 기술력과 품질을 인정받아 프랑스 휴대폰 회사의 마이크에 사용되는 포고 핀의 개발을 1999년에 성공하여 대량 주문을 받고 제2의 도약을 준비하게 되었다.

제2의 도약을 위해 가장 먼저 고민한 것이 회사의 철학과 이념을 표현할 수 있는 새로운 브랜드를 만드는 것이었다. 창업 후 5년간 사용한 케스코사(KESCOSA)는 스위스의 유명한 절삭가공기계를 생산하는 에스코사(ESCOSA)에서 착안한 것으로 한국(Korea)의 에스코사(ESCOSA)가 되겠다는 단순한 의지를 표현한 브랜드였기 때문이었다.

2000년 초 새로운 회사 브랜드를 개발하기 위하여 1994년부터 1996년까지 강남의 한 일본어 학원에서 같이 공부한 인연으로 브랜드 전문가인 필자에게 의뢰를 하였다. 다양한 후보 브랜드 네임 중에서 소형 정밀 절삭가공의 핵심인 기술과, 연구개발을 통해 혁신적인 제품을 만들어 대한민국 최고의 소형 절삭 정밀가공 전문기업이 된다는 비전과, 대한민국 부품산업 발전에 기여하고자 하는 이념(Mission)을 가장 잘 표현하고, 최근의, 근래의, 근대의, 새로운 의미를 가진 'RECENT'로 확정하고 주식회사를 설립한 후 양산을 시작하였다. 하지만 양산 후 7개월 만에 납품이 중단되는 사태가 발생하였고, 7억 원대의 매출이 3억 원으로 떨어지는 참담한 상황이 발생하였다.

㈜RECENT를 설립한 2000년은 인터넷 혁명의 시기였다.

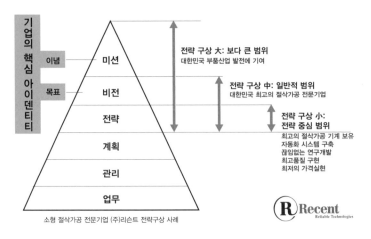

소형 절삭가공 전문기업 (주)리슨트 전략구상 사례

출처: ㈜리슨트(브랜드 미션, 비전, 전략)

그리고 인터넷을 통하여 회사를 알릴 수 있는 홈페이지가 등장하게 되었고 홈페이지를 운영하려면 반드시 영문 도메인이 필요하였다. 이러한 도메인의 중요성을 빠르게 알아차린 일부의 사람들은 기업에서 쓰고 있는 영문 회사 이름과 제품 이름에 대한 도메인까지 미리 확보한 후 판매를 하거나 협상을 하여 돈을 받아내던 일명 도메인 사냥꾼이 활개를 치던 시기이기도 하였다.

RECENT도 다가올 시대에는 홈페이지가 매우 중요하다는 것을 인지하고 있었지만 불행하게도 RECENT .COM / NET / CO. KR 모두 타인이 확보를 하고 있었다. 그나마 다행이었던 것은 RECENT.CO.KR 홈페이지는 운영이 되지 않고 있었다.

그러던 중 어느 날 필자가 도메인 등록기관에서 RECENT를 검색해 보니 낙장 도메인이 되어 있었다. 망설일 시간도 없이 리슨트 사장님께 전화를 하여 RECENT가 낙장 도메인이니 도메인 운영회사에 빨리 회원 가입하고 도메인을 확보하라고 하였다. 10분도 되지 않는 시간에 도메인 운영회사에 회원 가입을 하고 도메인을 확보하려고 하였지만 간발의 차이로 타인이 선점을 하게 되었다 한다.

도메인 확보를 못한 아쉬움에 필자는 며칠 후 무작정 도메인 권리자에게 전화를 하였다. 그리고 도메인을 팔지 않겠느냐고 의견을 물었더니 가능하다고 하였다. 다시 리슨트 사장님께 전화를 하여 도메인 권리자와 전화로 약속을 해 놓았으니 전화를 하고 만나서 도메인을 돈을 주고서라도 구입하라고 하였다. 그리고 리슨트 사장님께서 도메인 권리자와

통화를 하고 삼성동 근처에서 만나 현금으로 100만 원을 지급하고 현재의 홈페이지 주소로 사용되고 있는 RECENT. CO.KR을 확보할 수 있었다.

현재 매출의 70% 이상이 온라인을 통해 이루어지는 현실을 감안한다면 소기업이었던 당시에 현금으로 도메인을 구입한 것은 리슨트 사장님의 빠른 판단력과 미래의 비즈니스 환경을 내다본 신의 한 수가 아니었나 하는 생각이 든다.

납품 중단이라는 어려운 시기에도 RECENT는 집중적으로 연구개발에 투자를 하였고 마침내 삼성전자 슬라이드에 사용되는 핸드폰 부품과 힌지(Hinge)에 사용되는 부품, 핸드폰용 안테나 부품 등을 개발하여 납품하면서 기술을 축적하였다. 축적된 기술은 삼성전자의 하드디스크 드라이버에 사용되는 다양한 정밀 부품을 개발하여 납품하는 결과로 이어졌으며 회사의 지속성장이 될 수 있는 발판이 되었다. 삼성전자 하드디스크 드라이버 부품 납품은 해외 하드디스크 드라이버 생산업체인 시게이트와 웨스턴디지털과 같은 업체의 외주 업체에 부품을 공급할 수 있는 계기가 되었고, 2014년에는 연 3억 개에 가까운 부품을 공급하였다. 이와 더불어 국방산업에도 참여하여 국가 안보에도 기여하고 있다.

2015년에는 SSD(Solid State Drive)라는 새로운 기술로 인해 HDD(Hard Disk Drive) 시장이 많이 축소되어 매출이 크게 하락하였지만, 리슨트가 가지고 있는 기술력을 인정받아 2013년에는 세계적인 전자부품 전문 기업인 ㈜삼성전기 협부회의 2차 협력 회원사로 선정되었다. 2014년에는 협부회 회원사와 함께 세계적인 CNC 콘트롤러와 로보트 메이커인 일본 FANUC사를 방문하여 로보트 시대의 도래를 눈으로 확인하였으며, 이에 자극을 받아 자체 CNC화 개발을 시작하여 2016년 9월 자체적으로 FANUC 콘트롤러를 수입하여 CNC화한 절삭가공 기계의 개발에 성공하였다. 2015년에는 스마트 공장 프로젝트를 삼성그룹의 지원을 받아 실행하여 개발시간을 단축시킬 수 있는 획기적인 시스템을 완비하였으며 이를 바탕으로 스위스로부터 수입에 의존하던 절삭가공용 고압 커플링 시스템을 개발하여 특허를 출원하였고, 2016년 11월에는 시애틀의 항공기 메이커인 보잉사, 실리콘 밸리에 있는 버클리 대학교, 스탠포드 대학교, 애플 본사 및 구글사, 삼성 캠퍼스를 방문하고 인공지능 컨퍼런스 등에 참여하여 다가오는 3D 소프트웨어와 가상현실, 인공지능 시대를 대비하고 있다.

또한 2012년부터 준비하고 연구한 도금 기술을 내재화하여 2016년에는 1억 5,000만 개의 부품을 자체 공장에서 무전해 니켈과 금도금을 하였으며 현재 다양한 도금 연구를 진행하고 있다.

㈜RECENT는 소형 제품에 대한 정밀 절삭 기술과 바랠 연마 기술, 표면처리 기술 등을 내재화하였고, 이 기술을 바탕으로 쥬얼리 사업을 하기 위한 브랜드 개발과 시장조사를 마쳤으며, 한국의 기업 RECENT가 만드는 명품 브랜드 RECENT가 곧 새롭게 시장에 출시될 예정이다.

끊임없는 실패가 있었고 앞으로도 있겠지만 끝까지 살아남아 리슨트가 보유한 기술이 앞으로 다가올 세대에 큰 도움이 되고, 대한민국 부품산업 발전에 기여하며, 인류의 행복을 실현하는 데 도움이 되는 명품 브랜드 기업, 신뢰할 수 있는 기술로 고객을 만족시키는 기업이 되기 위해 열심히 재미있게 노력하고 있다.

리슨트에는 해외와 부품 최강국 일본으로 수출하는 자랑스러움이 있다

리슨트에서 공급하는 HDD 부품은 국내 기업 중 유일한 공급 업체이며, 세계시장에서 자체 HDD 부품을 생산하는 업체를 제외하고는 시장점유율 25%로 1등 기업이다. 그리고 국내의 방산 부품 중 니켈 소재를 가공하는 소형 가공 부품의 유일한 공급 업체이기도 하며, 자물쇠 핀 부품은 60%로 국내에서 가장 큰 공급업체이다.

주요 거래처는 2016년 현재 국내의 130개 업체에 납품을 하고 있으며, 매년 50개 이상의 신규 고객 확보를 목표로 하고있다. 주요 해외 거래처로는 영국 1개 사, 말레이시아에 있는 세계 최대의 하드디스크 드라이브 업체인 웨스턴디지털 부품 업체 등 3개 사에 수출을 하고 있으며, 2009년부터 5

년간에 걸쳐 개발에 성공한 오토바이 부품은 인도네시아에 있는 일본 기업 일본전기를 통해서 혼다, 야마하, 스즈끼 오토바이에 사용되고 있다. 한국에 지사를 두고 있는 일본의 Y사는 처음에 국내 생산분만 리슨트 부품을 사용하다 지금은 일본 본사에 공급하는 부품도 리슨트에서 구매하여 공급하고 있다. RECENT 전체 매출의 50%가 수출을 통해 이루어지고 있다.

2016년 전체 매출 중에서 가장 큰 비중을 차지하는 것은 32%의 컴퓨터 HDD이며, 다음으로 국방 산업 22%, 공구의 수입과 자사 개발 상품 판매가 13%, 자동차 관련 부품이 6%, 반도체 / 컴퓨터 관련 부품 9%, 도어 록 6%, 기타 12%로 구성되어 있다.

리슨트가 이루어 낸 직접적인 경제 효과, 고용 창출

지구상 모든 국가가 고민하는 현대 산업사회의 가장 큰 고

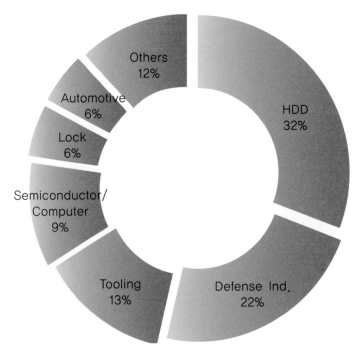

[그림 1] RECENT 2016년 산업별 매출 분포

출처: ㈜리슨트(분야별 매출 현황)

민 중 하나는 자동화, 인공지능화에 따라 산업의 규모는 커지는 데 반해 고용이 동시에 늘어나지 않고 실업자가 많아진다는 것이다. 하지만 리슨트는 첨단자동화에도 불구하고 지금까지 지속적으로 고용 증가를 이루어 왔다. 비록 대기업에 비해 아주 미미한 수준으로 볼 수도 있지만 중소기업의 입장에서는 존경받을 만한 일이다.

비가 새는 주차장에서 시작한 2000년 2명(대표 포함)이던 직원 수는 2015년 26명으로 1,300% 증가했으며, 15년 동안 한 명의 직원도 임의적인 해고는 없었다. 2016년은 2015년보다 2명이 줄어든 24명이지만 직원의 사정으로 인한 자의적인 퇴사로 이루어진 것이다. ㈜RECENT는 기업의 경쟁력과 발전의 핵심인 기술도 사람이 없이는 불가능하다는 인재의 중요성을 알고 사람 중심의 기업을 지향하고 있다.

리슨트가 이루어 낸 직접적인 경제 효과, 매출 증가

리슨트는 법인 설립 2000년부터 연평균 16.30%의 매출 증가를 이루고 있으며, 2014년 최고의 매출액을 기록했었다. 이후 미래의 불경기 대비와 매출처의 다양한 분산을 통해

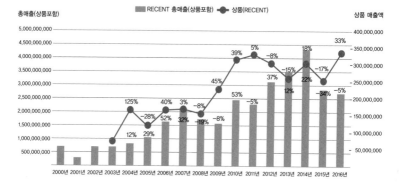

[그림 2] RECENT 연도별 매출 증가 추이

출처: ㈜리슨트(총 매출액과 상품 매출액 증가 추이)

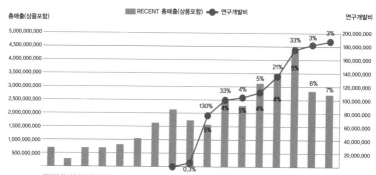

[그림 3] RECENT 연도별 매출액 대비 연구개발비

출처: ㈜리슨트(연도별 매출 대비 연구개발비, 연도별 연구개발비 증감 현황)

위험 감소를 위한 새로운 투자와 연구개발에 집중하면서 매출이 하락하였지만 2017년 세계적인 경기 침체에도 불구하고 투자의 결실을 맺고 있어 2016년 대비 33%의 성장을 기대하고 있다.

정밀절삭가공의 핵심은 첨단기술의 구현을 통한 제품의 생산이 핵심이다. 리슨트는 중요한 핵심기술에 대한 연구개발을 위하여 투자를 아끼지 않고 있다. 2008년부터 2016년까지 총 매출액 대비 평균 3%인 1억 3천만 원을 연구개발비에 투자를 하고, 매년 조금씩 늘려가며 원천기술 확보에 노력하고 있다.

리슨트가 이루어 낸 직접적인 경제 효과,
초정밀 기술의 고부가가치 제품 개발

리슨트의 가장 큰 강점은 세계적인 완제품 기업으로부터 인정받은 초정밀 절삭가공 기술력을 확보하고 있다는 것과

출처: ㈜리슨트(하드디스크용 핀)

판매 제품이 엄청난 고부가가치를 창출한다는 것이다. 아래의 제품은 하드 디스크에 들어가는 핀으로 연간 1억 개 이상을 말레이시아로 수출하고 있다. 실제로 보면 너무 작아(핀 중간에 구멍이 뚫어져 있음) 개수를 셀 수가 없어 초정밀 전자저울로 개당 무게를 달아 개수를 파악할 정도의 작은 제품이다. 그러나 부가가치는 10배 이상으로 매우 높은 제품이다.

두 번째 제품은 리슨트에서 자체 개발하여 특허 출원 중에 있는 고압 절삭유용 연결 커플링(뒤쪽 제품)으로 세트당 20만 원의 고가에 팔리고 있으며, 맨 앞줄 주얼리 상품은 리슨트의 정밀 절삭가공 기술로 만든 제품과 세계 최고의 스

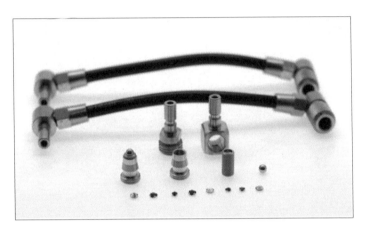

출처: ㈜리슨트(고압 절삭유용 연결 커플링)

출처: ㈜리슨트(레이저마킹 기계의 빔 조절용 나사)

와로브스키 크리스탈을 조립한 제품으로 곧 시장에 출시될 예정이다.

세 번째 제품은 레이저마킹 기계의 빔 조절용 나사이다. 맨 왼쪽의 부품이 완성품으로 가장 오른쪽에 있는 강구를 포함한 3개의 부품을 조립하여 만들어야 하므로 고도의 기술력이 없이는 생산이 불가능하다. 최종 조립된 부품은 소재비 대비 20배의 부가가치를 창출하고 있다.

리슨트가 이루어 낸 간접적인 경제 효과,

사회공헌 활동과 부품 수출을 통한 국가 브랜드 가치 제고

리슨트는 기업의 사회적 책임에 대한 중요성을 일찍 깨닫고 2005년부터 매년 평균 1,000만 원 이상을 UNICEF 등 도움이 필요한 단체에 기부를 통해 나눔을 실천하는 사회공헌 활동을 12년째 지속하고 있다.

리슨트의 목표는 2020년 100억 원의 매출을 달성하는 것이다. 지금의 추세대로 연구개발과 투자가 이루어진다면 조기 달성도 가능할 것으로 기대된다.

그리고 무엇보다 매출로 측정하기 힘든 엄청난 가치는 바로 첨단 정밀 부품에 대한 국산화로 얻어지는 수입 대체효과로 약 1조 원의 대체효과가 있다고 업계에서 추정하고 있다. 여기에 정밀 부품을 해외에 수출까지 하여 달러를 벌어들이는 것이다.

일본과 독일이 세계 최고의 기업을 많이 보유하고 있는 것은 바로 산업을 든든하게 받쳐 주는 부품산업의 발전이 있었기에 가능했다. 늦은 감이 있기는 하지만 지금부터라도 지속성장을 위한 대한민국 산업의 미래와 수입 대체효과를 위해서라도 부품산업에 많은 투자를 하여야 한다.

4차 산업혁명이 화두이다. 이는 기계와 물건이 점차 첨단화 및 고도화되고 정밀화되는 것을 말한다. 그러기 위해서는 반드시 필요한 것이 바로 초정밀 부품이다. 다가올 대한민국의 4차 산업혁명의 중심에 초정밀 절삭가공 기업 리슨트가 많은 역할을 하길 기대하며 응원의 박수를 보낸다.

브랜딩그룹 소개

▶ 앞선 지식과 오랜 경험을 통한 최적의 브랜드가치 창조 및 사회적 책임 실천

브랜딩그룹은 시대를 앞서가는 브랜드전략, 마케팅전략, 경영전략, 디자인전략에 대한 이론지식과 십수 년간 다양한 산업의 국내외 프로젝트 수행을 통해 얻은 경험지식을 바탕으로 기업의 환경에 가장 적합하고 실행 가능한 전략적 브랜드를 창조하는 브랜드 전문지식 기업입니다.

브랜딩그룹은 지식재산센터와 함께 지식재산 창출에 어려움을 겪는 소기업, 사회적 기업, 예비창업자를 중심으로 브랜드 네임, 디자인 등 지식재산의 고민을 함께 풀어가는 재능나눔 프로그램을 통해 사회적 책임을 다하고 있습니다.

Hexagon™
Strategy

헥사곤전략은
전략적 브랜드 구현을 위한
브랜딩그룹(주)의 고유한
브랜드 프로세스입니다.

Mission
Raise the Customer's
Brand value

Vision
Total branding
Knowledge Guru

Positioning
Strategic & Creative
Branding Expert

▶ 최고의 브랜드 개발을 위한 최적의 브랜드 시스템

Strative (Brand Strategy + Creative Name & Design)

소비자에게 사랑받는 브랜드를 개발하기 위해서는 고도화된 브랜드 전략과 독창적인 아이디어가 중요합니다.

브랜딩그룹은 기업, 경쟁, 시장환경을 면밀히 분석해서 최적의 브랜드 전략을 도출하고, 제품이나 서비스의 핵심가치를 정확히 전달하고 표현할 수 있는 혁신적이고 창조적인 브랜드 개발시스템인 Strative™(Strategy+Creative)를 활용하여 최적의 브랜드를 개발하고 있습니다.

▶ 브랜딩그룹 서비스

브랜딩그룹은 브랜드 분석 및 전략 수립, 브랜드네임 개발, 브랜드 디자인 개발, 브랜드 인지도/이미지 조사, 브랜드 관리, 브랜드 교육, 상표검색 관련 서비스를 제공하고 있습니다.